Cara a cara

Cara a cara

A Basic Reader for Communication

second edition

William F. Ratliff
Marquette University

Patricia Boylan
University of Illinois

Marty Knorre
University of Cincinnati

John Lett, Jr.
University of Illinois

Aristóbulo Pardo
Ohio State University

Holt, Rinehart and Winston
New York   Chicago   Philadelphia   San Francisco   Montreal   Toronto
London   Sydney   Tokyo   Mexico City   Rio de Janeiro   Madrid

Acknowledgments for the use of reading selections appear on page 217.

PUBLISHER: Rita Pérez
ACQUIRING EDITOR: Karen Misler
PROJECT EDITOR: Arthur J. Morgan
PRODUCTION MANAGER: Nancy Myers
DESIGN SUPERVISOR: Lou Scardino
Drawings by Caliber Design Planning

Photo Credits:

Barbara Alper—Stock, Boston: 21; George Bellerose—Stock, Boston: 139; Daniel S. Brody—Stock, Boston: 159; Christopher Brown—Stock, Boston: 104; Courtesy Chrysler France: 163, *bottom;* Anestis Diakopoulos—Stock, Boston: 177; Donald C. Dietz—Stock, Boston: 137; Carl Frank—Photo Researchers, Inc.: 41; Owen Franken—Stock, Boston: 36, 48, 91, 100; Foto MAS, Barcelona: 115; Arthur Grace—Stock, Boston: 3; Jim Harrison—Stock, Boston: 53; Ellis Herwig—Stock, Boston: 76, 150; Bohdan Hrynewych—Stock, Boston: 65; Jim Kalett—Photo Researchers, Inc.: 158; David A. Krathwol—Stock, Boston: 122; Jean-Claude Lejeune—Stock, Boston: 11; Mike Malyszko—Stock, Boston: 84; Peter Menzel: 152; Peter Menzel—Stock, Boston: 175; Courtesy Peugeot: 163, *top;* Dustin Pittman, *Women's Wear Daily:* 25; *Prensa Española ABC Blanco y Negro,* Madrid: 148–149; Jon Rawle—Stock, Boston: 103; Nicholas Sapieha—Stock, Boston: 60; Frank Siteman—Stock, Boston: 7, 129; Rick Smolan—Stock, Boston: 78, 89, 173; Peter Vandermark—Stock, Boston: 90; Wide World Photos: 106, 108; Harry Wilks—Stock, Boston: 17, 133; Cary Wolinsky—Stock, Boston: 146

Cataloging in Publication Data

Main entry under title:

Cara a cara: a basic reader for communication.

English and Spanish.
 1. Spanish language—Readers.   2. Spanish language—
Composition and exercises.   I. Ratliff, William F.
PC4117.C275   1982   468.6′421   81-20325
                                AACR2

ISBN: 0-03-057597-4

CBS COLLEGE PUBLISHING
Holt, Rinehart and Winston
The Dryden Press
Saunders College Publishing

Contenido

Primer Nivel

Segundo Nivel

Tercer Nivel

Preface to the Second Edition

The second edition of *Cara a cara: A Basic Reader for Communication* has a twofold purpose: (1) to develop reading skills through the use of carefully graded selections that present themes of human and cultural interest, and (2) to develop communication skills through activities that focus on meaningful, personal communication.

The text has been thoroughly revised in response to suggestions from numerous teachers and students who have used *Cara,* as well as our own classroom experience using it. Two new features appear in each chapter of the second edition: an expanded *Guía para la lectura,* which now includes student exercises and is placed before the reading; and an all-new *Estudio de palabras,* a systematic yet varied set of vocabulary exercises designed to help students develop active control of key vocabulary items. Three of the original chapters have been replaced by completely new chapters in the second edition, and the readings of four other chapters have been extensively revised (for example, *El jazz* has become *La música,* and now features Andrés Segovia as well as Louis Armstrong). All activities throughout the text have been examined and improved or replaced as necessary in order to make them as timely, attractive, and usable as possible. Finally, all activity instructions now appear in Spanish in Levels II and III.

Both editions of *Cara a cara* have been written because of our firm conviction that what students have to say is important. They bring to the classroom their knowledge, their experiences, their opinions—all of which are worth sharing. *Cara a cara* proposes to help students express their ideas in Spanish by providing a large number of communication activities reflecting a wide variety of themes. While using *Cara a cara,* students will have the opportunity to learn about other cultures, about each other, and about themselves. As they become increasingly aware of the similarities and differences among cultures and among individuals, it is our hope that they will become more and more appreciative of both . . . and that they will enjoy the richness of the diversity around them.

Introduction to the instructor

Students learning Spanish need to use the language to say things that really matter to them; this was and still is the reason behind *Cara a cara.* As implied by the subtitle, *A Basic Reader for Communication,* the text's existence rests upon the premise that students *want* to communicate with each other, that they *need* practice in the creative use of language if they are to acquire the ability to speak fluently, and that they *will* express their ideas in Spanish if they are provided with interesting topics and sufficient linguistic and situational structure within which to operate.

Organization

Levels. There are 18 chapters in *Cara a cara,* second edition, arranged in three levels. Level I employs the present tense and commands. Level II adds the preterite, imperfect, and progressive tenses.* Level III includes the present perfect and past perfect tenses.* Except for recognizable cognates, all other words are glossed in the margin. Rodríguez Bou's *Recuento de vocabulario español* (Universidad de Puerto Rico, Río Piedras, 1952) and Buchanan's *A Graded Spanish Word Book* (Toronto, 1927) were consulted in decisions regarding choice of vocabulary and glossing. A word or expression is reglossed if it appears in another chapter within the same level, permitting the relatively independent selection of chapters within a given level.

Readings. The core of each of the 18 chapters of *Cara a cara* is a reading selection. Most are adaptations from contemporary Spanish or Latin American periodicals, and each was chosen for its potential human interest value and/ or its cultural interest. The readings are preceded by *Guías para la lectura,* reading hints that offer the student specific strategies and exercises for developing their reading skill in Spanish, and followed by *Notas culturales y lingüísticas* which provide information about specific cultural or linguistic points referred to or exemplified in the reading.

---

* In addition, the future and conditional tenses appear in some of the Spanish instructions to Level II and III activities.

Activities. If the readings are the core, then the *Actividades* are the most important feature of *Cara a cara.* These activities focus on communication in Spanish and invite students to express their own opinions, judgments, and ideas on themes related to the readings. At the same time, they provide students with the necessary support and structure to enable them to do so.

Suggestions for use

After "communication," "flexibility" is the key word for *Cara a cara,* especially in the activities. They may be used in large-group, small-group, or individualized instruction. After the initial activities, which always consist of a content comprehension check and the *Estudio de palabras,* the activities are sequenced from the easier, more highly structured formats to more open-ended formats, concluding with *Dígame,* which lends itself to the freest and most extended use of language. The inclusion of a large number and variety of activities is intended to provide options for both teacher and students, and the number and types of activities that are actually used in any classroom will depend upon the needs, interests, and abilities of the students as well as the time constraints of the classroom situation.

The activities may be used to develop any or all of the four language skills. In most cases the instructions omit such words as "write" or "prepare an oral report" in order to leave those decisions up to you and your students. Finally, because most activities encourage the expression of the student's own ideas and opinions, there are usually very few wrong answers and many correct ones.

In short, we have tried to provide a book that is both flexible and yet systematically organized, a book that will be a time-saver and an aid to the teacher who is trying to stimulate and facilitate more communication in the classroom. We have enjoyed preparing *Cara a cara.* We hope that you find it useful.

Examples of activities. In order to illustrate the variety of activity types and ways to use them, the following examples are provided.

Actividad E, «Es Ud. esnob?» (Chapter 3)

This is an example of the self-tests often seen in popular magazines.

Option 1. Students prepare at home by taking the self-test and computing their score. In class, teacher groups high scorers and low scorers together in small groups; students compare answers to see how different their tastes really are.

Option 2. Teacher gives the test as a listening comprehension exercise, helps students add up score, and proceeds as in Option 1.

Option 3. Students take the self-test as in Option 1 or 2, read the interpretation of their score, and state whether or not they agree with it, and why.

Actividad E, «La opinión de un marciano» (Chapter 8)

Students are invited to view through the eyes of a hypothetical outsider the ways in which human beings treat the ecosystem in which we live. The format is that of a narration composed of incomplete statements.

Option 1. Students compose narratives in small groups in class, and share them with other groups by reading them aloud. After all have been read, the class chooses the most clever/serious/frightening/accurate/etc. report.

Option 2. Whole-class activity: The class composes one master version of the report using the "continued story" approach—a student contributes up to a point and then calls on a fellow student to continue.

Option 3. After preceding as in Option 1 or 2, students prepare a composition at home to hand in for correction. Alternative: Students prepare composition as initial step in an alternate version of Option 1.

«Dígame» (Chapter 10)

This particular *«Dígame»* begins with a short reading—a version of Michner's discussion between a Spaniard and an American regarding the relative brutality of football and the bullfight. In all options below it is assumed that students have read the discussion before class.

Option 1. Teacher leads a whole-class discussion on the subject.

Option 2. Students use one or more of the discussion questions as focus for discussion in small groups, and report their conclusions to the whole class.

Option 3. After, or in lieu of, class discussion, students use the discussion questions to guide them in preparing a composition to be handed in or used in class.

Actividad D, «Problemitas» (Chapter 16)

Students are confronted with a number of problems associated with driving.

Option 1. Students write one or more one-line responses to situations, bring them to class, and choose in small groups the cleverest ideas for each situation.

Option 2. Students in small groups are assigned one or more situations and charged to create the maximum number of responses to each one. Whole-group share-back follows.

Option 3. Share-back idea: one student reads a solution; others must identify the *problemita.*

Introduction to the student

Welcome to an adventure—getting to know more about yourself and those around you as you meet them *cara a cara.* This book was written with you in mind and we think that you should know something about it before you begin to use it.

As a Spanish student, you may have set for yourself the long-range goal of being able to communicate with other people in Spanish. As a unique human being—a person, a son or daughter, a classmate, a friend—you are already accustomed to communicating with others. Although you may be used to sharing your thoughts easily in English, you may have encountered some frustration when trying to do the same thing in Spanish. While *Cara a cara* cannot magically give you the language ability that comes only from practice, it can and will make it possible for you to share some of your own ideas in Spanish right now, *while* you practice.

Each chapter of *Cara a cara* contains a reading selection of human or cultural interest, a reading that will suggest topics you might like to talk about. Most of these selections come from Spanish or Latin American magazines or newspapers, and they deal with a wide variety of topics. Before each reading you will find *Guías para la lectura,* a series of hints and exercises that can help you learn to read Spanish faster and with more enjoyment. The readings are followed by *Notas culturales y lingüísticas,* which give you additional cultural and language information.

But the *Guías,* the readings, and the *Notas* are only a part of *Cara a cara.* The other part—and perhaps the most enoyable—is the *Actividades.* These activities will give you a chance to say what you think about things and to learn what your classmates and teachers think as well. Some are rather simple tasks, such as indicating your personal choices from those provided in an activity; others involve much more complicated interviews and open-ended questions for discussion, such as those in the final section of each chapter, *Dígame.* The important thing about the activities is that they can help you get better acquainted with other cultures, with other people in your own class, and with yourself, all while you are learning more Spanish. In short, they offer you an opportunity to discover similarities and differences and to enjoy the diversity around you.

We have enjoyed preparing *Cara a cara* for you. We hope that you will learn a lot as you use it, and that you, too, will enjoy it!

Cara a cara

Primer Nivel

1

Cartas a doña Amelia

Guía para la lectura

Sometimes your knowledge of the meaning of one Spanish word will help you to guess the meaning of another. There are many word families for which this is true. The meanings of all words in a word family are in some way related to the meaning of the root that they all have in common. Note also that the word ending can often help you identify the grammatical category of the word.

Verbs	Nouns	Adjectives
*estudi*ar	*estudi*ante, *estudi*o	*estudi*oso
*utiliz*ar	*util*idad	*útil*
*aburr*ir	*aburr*imiento	*aburr*ido
*telefon*ear	*teléfon*o	*telefón*ico
*aconsej*ar	*consej*os	*aconsej*able

Practice guessing the meaning of words by locating the root of each of the words listed below. Can you determine whether they are nouns, adjectives, or verbs?

adinerado	mejoramiento	embellecimiento
deseoso	costoso	empeorar
entristecer	refrescar	enriquecer
lluvioso	empobrecimiento	enloquecido
enfriamiento	vendedor	

Estimada° doña[1] Amelia:

    Soy estudiante universitaria y leo su columna en el periódico todos los días. Me parece que Ud. ofrece consejos útiles° a sus lectores.° Por eso creo que Ud. es una señora muy práctica y que puede ayu-
5 darme. Mi problema es éste: estoy aburrida.°

    Mis clases me aburren. Mis profesores siempre dicen cosas superficiales. Mis estudios me resultan mecánicos. Mis amigas son aburridas:°[2] sólo quieren hablar de su ropa y de sus novios. Mi vida es una rutina: las mismas personas, las mismas cosas en la televisión, la
10 misma comida en la cafetería.

    Quiero dar una dirección a mi vida, pero no sé por dónde empezar. ¿Qué me aconseja° Ud.?

Sinceramente,

Lupe Seco y García

Lupe Seco y García[3]

15 Estimada doña Amelia:

    Soy un hombre profesional de 35 años de edad. Como muchas personas de mi generación, no tengo interés en casarme todavía porque gozo de° una vida buena. Tengo dinero, un apartamento muy cómodo° y una vida social que me agrada.° No me falta nada, pero sí
20 tengo un problema. Es mi madre. Ella me llama casi todos los días por dos razones.° Primero, cree que debo casarme pronto y siempre

Margin glosses:
Dear (*lit.*, esteemed)

consejos . . . useful advice / readers bored

boring

advise

gozo . . . I enjoy comfortable / pleases

reasons

tries to find

trata de encontrar° la mujer perfecta para mí. Segundo, me dice que es mejor vivir en el campo con la familia en vez de° en la ciudad. *(instead of)*

Quiero° a mi madre, pero sus interferencias en mi vida me enojan° mucho. ¿Qué debo hacer?

Atentamente,

Rafael Moreno Castro

Rafael Moreno Castro[3]

trata . . . tries to find

en . . . instead of

I love/anger

Estimada doña Amelia:

I have just moved

Acabo de mudarme° a un nuevo apartamento que me gusta muchísimo, pero tengo un problema grave. Los dueños° me dicen *(owners)* ahora que no puedo tener mi perro ahí. Esto me molesta porque Che—así se llama el animal—es un amigo perfecto y prefiero no vivir sin su compañía. Además, él nunca destruye nada; está muy domesticado y es buena protección para la casa.

Sé que los dueños tienen sus derechos, pero, ¿qué puedo hacer para convencerles que el perro no va a destruir su propiedad?° *(property)*

Acabo . . . I have just moved/owners

property

Atentamente,

Enrique Sandoval R.

Enrique Sandoval R.[3]

Estimada doña Amelia:

Siempre leo su columna y noto que muchas personas que le escriben no son felices. Comprendo bien que siempre vamos a tener situaciones que nos frustran. Sin embargo,° creo que podemos escoger° *(however)* *(choose)* la manera como reaccionamos ante° estas situaciones. Por ejemplo, *(before)* conozco a una señora vieja que lleva cuatro años en la cama y sin embargo no es muy pesimista. Siempre piensa en otras personas. Escribe cartas a otros enfermos° y prepara vendas° para la Cruz Roja. *(arrange)* *(red/cross)* Esa señora no puede cambiar° las circunstancias de su vida, pero no *(change)* es una persona infeliz. Es una mujer admirable.

Gracias por la oportunidad de expresarme.

Sin . . . Nevertheless/ choose/ in the face of

bandages/Cross

change

Sinceramente,

Esperanza Rodríguez

Esperanza Rodríguez [3]

Notas lingüísticas y culturales

1. In Spanish, *don* and *dona* are titles of respect used only before first names: *don Rafael, dona Amelia*.
2. Some adjectives in Spanish have different meanings depending on whether they are used with *ser* or *estar*. *Aburrido* is such an adjective. *Roberto está aburrido* means "Roberto is bored"; *Roberto es aburrido* means "Roberto is boring."
3. In most areas of the Spanish-speaking world each person has two last names. In the name *Lupe Seco y García*, *Seco* is the father's last name and *García* is the mother's maiden name. Many Spaniards and Latin Americans omit the word *y*: *Lupe Seco García*. Sometimes the second last name is abbreviated with the initial: *Lupe Seco G.* Other times it is omitted completely: *Lupe Seco*.

Actividades

A. ¿Comprende Ud.?

Primera parte: Referring to the four letters you have just read, decide whether each of the following statements is true or false. If a statement is false, change it to make it true.

1. Lupe está muy contenta porque tiene una vida muy variada.
2. Lupe desea cambiar su manera de vivir.
3. Rafael quiere casarse pronto.
4. A Rafael no le gusta la vida en la ciudad.
5. El perro de Enrique lo destruye todo.
6. Enrique respeta las opiniones de los dueños de su apartamento, pero él no está de acuerdo con ellos.
7. Esperanza cree que es posible tener problemas y todavía ser feliz.
8. Esperanza describe la actitud positiva de su madre.

Segunda parte: Due to limitations of space in her newspaper column, doña Amelia has to eliminate parts of the letters she receives. Below are some lines that were not printed. Who might have written them: Lupe? Rafael? etc.

1. Los animales son los mejores amigos del hombre.
2. No me gusta el lugar donde vivo porque todos los cuartos tienen las mismas camas, las mismas mesas, las mismas lámparas.

3. Mi madre dice que no debo comprar cosas innecesarias, pero yo sé usar el dinero.
4. Ella es tan buena y tan amable que todos los niños siempre quieren ir a su casa. Es como una abuela para ellos.
5. Todas sus fiestas son infantiles: sólo toman vino y tocan la guitarra.
6. Me parece que uno debe considerar la personalidad del animal individual y no pensar automáticamente que todos los animales son destructivos.

B. Estudio de palabras

Before doing the activities in this section, study the words listed below. They all appear in the reading selection.

Verbos
aburrir *to bore*
aconsejar *to advise*
casarse (con) *to get married*
escoger *to choose*
gozar (de) *to enjoy*
mudarse *to move*
ofrecer *to offer*
querer (ie) *to want, to love*

Adjetivos
útil *useful*

Sustantivos (Nouns)
el derecho *right*
el dueño *owner*
el lector *reader*
el periódico *newspaper*

Expresiones
acabar de + infin. *to have just + p. p.*
tratar (de + infin.) *to try (to)*

1. **Which words from the list above are defined in the list on page 7?**

    a. la persona que lee
    b. una publicación que nos informa sobre lo que ocurre en el mundo
    c. el posesor o poseedor de algo
    d. el acto de seleccionar
    e. el acto de cambiarse de residencia
    f. privilegio que la ley nos da
    g. el acto de ofrecer comentarios útiles

2. **Complete these sentences with the Spanish equivalents of the words given in English.**

    a. Mis amigos _____ hoy.
                       (are getting married)

    b. Yo _ _____ la carta.
               (have just read)

    c. Nosotros _____ cinco palabras nuevas cada día.
                  (try to learn)

    d. Una película con Elizabeth Taylor nunca _____ .
                                      (bores me)

    e. Mi perro _____ .
                  (loves me)

    f. Yo _____ leer las cartas a doña Amelia.
              (enjoy)

3. **Complete the following sentences in as many ways as you can.**

    a. Quiero casarme con una mujer/un hombre _____ .
    b. Trato de _____ cada día.
    c. El periódico que más me agrada es _____ porque
       _____ .
    d. Ser un lector ávido y bueno es importante porque _____ .
    e. Todos debemos tener el derecho a _____ .

C. ¿Cuándo está Ud. contento(a)?

Read each of the following items and arrange in order the four possible answers. Number the answers from 1 to 4, using the number 1 to indicate the place or situation where you are most content, nervous, etc. Then compare your answers with those of some of your classmates.

1. Estoy contento(a) . . . .
   _____ cuando tengo mucho dinero
   _____ cuando estoy con mis amigos
   _____ cuando estoy de vacaciones
   _____ después de comer
2. Estoy nervioso(a) . . . .
   _____ en una motocicleta
   _____ cuando voy a ver al dentista
   _____ cuando tengo que contestar en clase
   _____ cuando voy a una fiesta y no conozco a casi nadie
3. Estoy aburrido(a) . . . .
   _____ en casa
   _____ cuando miro la televisión
   _____ cuando estoy solo(a)
   _____ cuando una persona habla mucho y no dice nada
4. Estoy entusiasmado(a) . . . .
   _____ durante un partido de fútbol
   _____ cuando empiezan las vacaciones
   _____ el día de mi cumpleaños
   _____ cuando un(a) viejo(a) amigo(a) viene a verme
5. Estoy inspirado(a) . . . .
   _____ cuando estoy con una persona sincera
   _____ cuando leo un libro que tiene nuevas ideas
   _____ cuando estoy en las montañas
   _____ durante un servicio religioso

D. Conozca Ud. a sus compañeros

As a class or in small groups, participate in the following conversation activity. A question is asked: *¿Dónde está Ud. contento(a)?* Each person gives an answer. For example: *Estoy contento en casa; Estoy contenta en las montañas.* After everyone has answered the question, each person tells something about someone else. For example: *Juan está contento en casa; Anita está contenta en las montañas.* Following the same procedures, do this activity using other adjectives such as *entusiasmado, triste, aburrido, inspirado, nervioso,* and *enojado.*

E. ¿Animales o personas?

People the world over have pets and truly love them, just as Enrique Sandoval does. Foreign visitors often notice that in the United States we tend to "humanize" our pets, especially cats and dogs, but they may not realize how widely we differ in the extent to which we do so. Many

of us treat our pets almost as if they were real people. Others of us love our pets just as much but as pets, not as human beings. Where do you fit in? If you had a cat or a dog, how would you treat it? The following questionnaire can help you find out. For each item indicate the extent to which you agree or disagree by using the numbers 1 to 5 (5 = maximum agreement). Then read the interpretation of your score and discuss your answers with someone else, perhaps with someone whose score was very different from yours.

_5_ 1. Los animales deben tener un nombre.

_1_ 2. Los animales deben llevar ropa cuando hace frío.

_5_ 3. Los animales deben tener su propio médico.

_1_ 4. Los animales deben poder jugar en las sillas, en el sofá, etc.

_1_ 5. Los animales deben poder dormir en la cama de un miembro de la familia.

_3_ 6. Los animales deben comer comida humana si les gusta.

_1_ 7. Los animales deben ir de vacaciones con la familia.

_3_ 8. Los animales deben tener amigos y deben poder jugar con ellos.

_5_ 9. Los animales deben recibir regalos de cumpleaños como nosotros.

_5_ 10. Los animales deben vivir en la casa con la familia.

|27| TOTAL

Interpretaciones

37–50: Para Ud. un animal es una persona especial—tiene todos los privilegios de la familia.

23–36: Para Ud. un animal es a veces persona y a veces animal—depende de las circunstancias.

10–22: Para Ud. un animal es un animal, no es una persona; aunque es parte de la familia, tiene su propio lugar.

F. Más cartas a doña Amelia

Using the letters in the reading selection as examples, write your own letter to doña Amelia. The problem that you present or the comment that you offer may be completely fictitious or one that you know about. You and your classmates can then share some of your letters and propose advice for the problems that are presented.

DÍGAME

Las cartas a doña Amelia revelan mucho sobre la vida de las personas que las escriben. ¿Cómo es la vida de Ud.? El siguiente cuestionario le puede ayudar a hablar de sus intereses y de su manera de vivir. O, si Ud. prefiere, puede hacerle preguntas a un(a) compañero(a) de clase y completar el cuestionario para él or para ella.

Nombre: _____

Los estudios

¿Qué materias (*courses*) estudia Ud.? _____

¿Prefiere Ud. estudiar en casa o en la biblioteca? _____

_____

¿Cuál es su clase favorita? _____

   a. ¿Es difícil? _____

   b. ¿A qué hora es? _____

La familia

¿Cuántas personas hay en su familia? _____

¿Tiene Ud. hermanos? _____ ¿Cuántos? _____

   a. ¿Cuántos años tiene el mayor? _____ ¿el menor? _____

   b. ¿Cuántos años tiene Ud.? _____

¿Vive su familia en el campo o en la ciudad? _____

   a. ¿Cuál prefiere Ud.? _____

   b. ¿Por qué? _____

¿Vive su familia en una casa o en un apartamento? _____

_____

   a. ¿Cuál prefiere Ud.? _____

   b. ¿Por qué? _____

El tiempo libre

¿Mira Ud. la televisión? _____

   a. ¿Cuántas horas por semana? _____

   b. ¿Qué programas le gustan más? _____

¿A Ud. le gusta leer? _____

   a. ¿Qué libros le gustan? _____

   b. ¿Lee Ud. un periódico? _____ ¿Cuál? _____

¿Escribe Ud. muchas cartas? _____ ¿A quién? _____

¿Le gustan los deportes? _____

   a. ¿Participa Ud. en algún deporte? _____

   b. ¿En cuál? _____

Un futuro por sólo $20.000,00[1]

Guía para la lectura

When reading you can often guess the meaning of an unknown word because it looks like an English word. Words that are similar and have similar meanings are called cognates. Some words are spelled exactly like their English equivalents: *café, televisión, actor.* Others may have a spelling that varies from English in a rather predictable way:

liber*tad*	liber*ty*	*foto*	*photo*
nervi*oso*	nerv*ous*	compañ*ía*	compan*y*
au*t*orizar	au*th*orize	apreci*ar*	appreci*ate*

What is the English equivalent of the following Spanish words?

remedio	conservar
incurable	decidir
permitir	candidato
temperatura	admitir
futuro	sistema

Can you write the Spanish equivalent of the following English words?

possibility	create
resuscitate	faculty
suspension	delicious
philanthropy	economy

Supply a commonly used English word for each word in italics.

1. El profesor hace *investigaciones científicas*.
2. Todo esto es *inexplicable*.
3. El agua *congelada* se llama hielo. (What does the word *hielo* mean?)
4. *Celebramos* la *resurrección* en la primavera.
5. El *motor* de su coche no *funciona*.

Si Ud. tiene 20 mil dólares, y si tiene bastante fe° y no desea morir, debe llamar o escribir inmediatamente al doctor Roberto Nelson, Valle de San Fernando, California. Él le puede ofrecer a Ud. la posibilidad de encontrar remedio°—dentro de 30 ó 50 años—a las en-
5 fermedades que hoy resultan incurables. También le puede ofrecer la posibilidad de «resucitarlo»° a Ud. en un mundo diferente.

Esto parece inexplicable, pero ... es fácil entenderlo. El doctor Nelson es el creador de un sistema que permite conservar los cuerpos° refrigerados a una temperatura de 120 grados° bajo cero. El sistema
10 es para individuos con enfermedades que son incurables hoy, pero que pueden tener remedio en el futuro. Estas personas, entonces, deciden congelarse° para conservarse en «estado de suspensión bio- lógica» hasta el descubrimiento° de un remedio científico. Los 20 mil dólares garantizan° el sostenimiento°—y—tal vez—la resurrección. Los
15 cuerpos están guardados° en el Valle de San Fernando, en un lugar muy hermoso donde siempre reina la paz.°

En los Estados Unidos ya hay por lo menos° 20 personas que «viven» en este estado. El interés aumenta° rápidamente: existen mil

faith

cure, remedy

revive, resuscitate

bodies

degrees

to be frozen
discovery
guarantee/ maintenance/ kept
reina ... peace reigns

por ... at least
is increasing

candidatos, personas que creen firmemente en la teoría de la animación suspendida.

El doctor Nelson admite que muchas de las personas que están congeladas tienen pocas posibilidades de ser resucitadas. Pero ... siempre existe la esperanza.° hope

Adaptación de un artículo de *Vanidades* (México)

Notas lingüísticas y culturales

1. In writing numbers, many Spanish-speaking people use decimal points where we use commas, and commas where we use decimal points.

Actividades

A. ¿Comprende Ud.?

Check your understanding of the reading selection by choosing the most accurate completion for each of the following statements.

1. Hay muchas enfermedades que . . . .
   a. hoy no tienen cura
   b. el Dr. Nelson puede curar
2. El sistema del Dr. Nelson . . . .
   a. garantiza la vida eterna
   b. permite congelar a los que no tienen cura ahora
3. Los cuerpos conservados . . . .
   a. están a una temperatura baja
   b. deben escribirle al Dr. Nelson
4. Las posibilidades de resucitar después . . . .
   a. dependen de la enfermedad que uno tiene
   b. no son muchas
5. El proceso de hibernación cuesta mucho porque . . . .
   a. el sistema es nuevo y complicado
   b. el Valle de San Fernando es muy hermoso

B. Estudio de palabras

Before doing the activities in this section, study the words listed below. They all appear in the reading selection.

Verbos
aumentar *to increase*
encontrar (ue) *to find*
garantizar *to guarantee*
morir (ue) *to die*
parecer *to seem, to appear*

Expresiones
por lo menos *at least*
tal vez *perhaps*

Sustantivos
el cuerpo *body*
el descubrimiento *discovery*
la enfermedad *illness*
la esperanza *hope*
la fe *faith*
el lugar *place*
el mundo *world*
la paz *peace*

1. Match the words in Column A with related concepts in Column B.

   A
   a. encontrar
   b. la paz
   c. la esperanza
   d. el mundo
   e. ofrecer

   B
   1. la fe
   2. el descubrimiento
   3. dar
   4. la tranquilidad
   5. el planeta

2. Complete these sentences with appropriate forms of words from the vocabulary list.

   a. El _____ humano es una máquina delicada.
   b. Esa señora tiene _____ 85 años de edad.
   c. Al final de la vida, todos queremos _____ en paz.
   d. La idea de conservarse en estado de suspensión biológica me _____ muy interesante.
   e. El costo de la educación _____ cada año.

3. Answer the following questions, giving your own opinions.

   a. ¿Cuál es la enfermedad más horrible de nuestra época?
   b. ¿Cuál es el lugar más hermoso del mundo?
   c. ¿Cuál es el descubrimiento más importante del siglo XX?
   d. ¿En qué cosa(s) o persona(s) tiene Ud. muchísima fe?
   e. ¿Le parece bien o mal la idea de conservarse en estado de suspensión biológica?

C. ¡Viva la causa!

There are always groups of people who wish to change aspects of today's society in order to create a better tomorrow. They often use slogans to promote their causes. What causes would you like to promote? Meet with some class-mates and compose some slogans for things you would like to see occur in the future. The lists below will provide you with some ideas.

	el dinero
	los insectos
	el divorcio
	la vida eterna
Cambiar	comidas sin calorías
Curar	a los bebés
Eliminar	las dietas
Descubrir	el trabajo
Crear	el servicio gratis de teléfono
Inventar	los problemas de tráfico
Celebrar	la paz
Aceptar	el egoísmo
¿———?	los relojes
	la suerte
	los anuncios comerciales
	los viajes a la luna
	¿———?

D. ¿Qué mundo prefiere Ud.?

Imagine that you are going to be put into a state of suspended animation. If you could choose from the four worlds described below, which one would you prefer to wake up in? Which one would you least like to wake up in? Why?

Mundo número 1: En este mundo no hay ciudades. Todos viven en el campo, porque allí siempre hay tranquilidad y aire fresco. No existe el dinero porque uno puede encontrar, cultivar o hacer todo lo que necesita para vivir.

Mundo número 2: Éste es un mundo donde todo es de todos. En esta sociedad cada persona tiene su propio trabajo, pero el dinero que gana es para todos. Las personas no tienen posesiones individuales, porque no es necesario: si uno necesita algo, otro lo ayuda.

Mundo número 3: Este mundo ofrece todo lo bueno de la tecnología sin lo malo. Hay automación para todo lo que uno necesita—el trabajo no es necesario. Por eso uno tiene mucho tiempo libre para hacer lo que quiere: cultivar sus talentos, gozar de sus pasatiempos y estar con la familia.

Mundo número 4: Éste es un mundo sin países y sin gobiernos—todos son completamente libres de hacer lo que quieren. Sin embargo, no hay problemas, porque cada persona respeta a todos los otros.

DÍGAME

Imagínese que mañana va a ocurrir una serie de explosiones nucleares por todas partes del mundo. Los efectos de la radiación van a estar en la atmósfera durante unos 50 años. La única salvación para la raza humana está en California con el Dr. Nelson—él va a congelar a algunas personas que van a resucitar después de los 50 años. Estas personas van a restablecer la vida humana. El problema es que solamente hay facilidades para congelar a cinco personas y Ud. tiene que seleccionarlas. Hay once candidatos. Recuerde que ellos van a restablecer la vida humana en este planeta. ¿A quiénes va Ud. a seleccionar?

Profesión	Nacionalidad	Edad	Algunas características
clérigo	alemán	35	Liberal, optimista; le gusta la gente.
atleta	escandinavo	25	Simpático; respetado por todos, pero un poco egoísta. Se interesa por causas liberales como El Movimiento de la Emancipación de la Mujer.
médica	griega	50	Algo egoísta, pero una mujer de mucha determinación.
policía	argentino	41	Simpático; humanitario pero realista.
escritora	francesa	27	Le gustan las nuevas experiencias. Se interesa por la historia, y escribe cuentos históricos. Ella y su marido, también escritor, están esperando un niño.
agricultor	norteamericano	65	Egoísta, conservador; prefiere estar solo. Todavía trabaja en su finca en Iowa.
bailarina	haitiana	23	Mujer bellísima, dedicada a su arte. Su personalidad cambia frecuentemente. No le interesa la política, pero sí la humanidad.
actriz	italiana	38	No es conocida especialmente por su belleza física, sino por su comprensión de las emociones humanas. Es muy activa en las causas humanitarias.
arquitecto	árabe	48	Hombre cosmopolita, bien educado. Trabaja en varias organizaciones dedicadas a la paz internacional. Le gusta hacer *camping*.
maestro	japonés	41	Instructor de escuela primaria; todavía idealista. Le gusta mucho trabajar con los niños porque ve en ellos la esperanza. Prefiere la vida de la ciudad.
ingeniero	surafricano	62	Inventor—puede resolver problemas difíciles. No le gustan las mujeres «modernas» ni muchas de la causas liberales.

¿Quiere Ud. ser más elegante?

Guía para la lectura

Looking up every unfamiliar word can slow you down and cause you to lose the thread of what you are reading. However, if you disregard the unknown vocabulary for the moment and continue reading, the additional context will often help you to guess the meaning of the word(s) or phrase(s) you temporarily skipped over. When context is not enough, and you do have to look up a word in the glossary, it is helpful to mark it with a small dot. When you find that you have several dots beside a word, you will know that it is a frequently used word worth learning.

In addition to context, your knowledge of how languages work can help you read more efficiently. Notice how your innate knowledge of English helps you analyze the following sentence from Lewis Carroll's *Jabberwocky:*

"Twas brillig and the slithy toves did gyre and gimble in the wabe."

1. What is the subject of the sentence? That is, what things are being talked about? *(toves)*
2. How do you know this? (*Toves* is a noun and comes before a verb.)
3. What did the toves do on this occasion? (They *gyred* and *gimbled.*)
4. How do you know that *gyre* and *gimble* are verbs? (They follow the auxiliary *did.*)
5. What were the toves like? (They were *slithy.*)
6. How do you know that *slithy* modifies *toves*? (It comes right before *toves* and ends in the typical adjective ending *-y*).
7. How do you know *toves* is a noun? (It has *the + adjective* right before it.)

Thus, although you still do not know what *toves* are, nor what actions are referred to by *gyre* and *gimble,* your knowledge of the relationships among all those words will help you make intelligent guesses about meaning when the context (or the glossary) does provide a meaning for one or more of them.

Although your knowledge of Spanish is not yet so automaticized and dependable as your knowledge of English, you can learn to use it in similar ways—and you may already know more than you realize. For practice, try to manipulate the following nonsense sentence in Spanish, according to the questions that follow it:

«*El chimal le grifa al dufango.*»

1. ¿A quién le grifa el chimal?
2. ¿Qué le hace el chimal al dufango?
3. ¿Le grifa el dufango al chimal?

If you were able to answer those questions, you were probably using your knowledge of the Spanish language, perhaps even unconsciously, to help you identify:

a. the subject, *el chimal;*
b. the verb, *grifa,* third person singular like the subject;
c. the object, *el dufango,* marked by the preposition *a* of *al;*
d. the object pronoun *le,* which helps to identify *grifa* as a verb, and which agrees with *dufango,* further confirming that *dufango* is being used as an object.

¿Está Ud. preocupado por° la impresión que les da a sus amigos? Si Ud. dice que sí, esto no me sorprende.° Es que esta preocupación es universal. Ud. y yo lo sabemos muy bien, querido lector. Además lo sabe el mundo de los negocios. Y esto también es universal.

5   Mientras lee Ud. los siguientes anuncios, piense en la psicología de ellos. ¿Qué hay en ellos que le llama la atención?° ¿Hasta qué punto son esnobistas?° ¿Tiene Ud. ganas de comprar algunos de los productos anunciados aquí?

El perfume, un mundo de magia° y misterio

10   Hablar del perfume es hablar de sensaciones íntimas, de comunicación sin palabras, de magia, de misterio. Es el mundo de la emoción.

    L'OREAL acaba de lanzar° una nueva Eau de Toilette—un perfume de misterio oriental—EAU JEUNE L'ORIENTALE.

    EAU JEUNE L'ORIENTALE ofrece un perfume cálido° y refi-
15 nado.

Nuevas lentes° de contacto

Ni rígidas ni blandas.° Porosas.

En cuestión de lentes de contacto hasta hoy no había° más alternativa.

20   O lentes rígidas o lentes blandas.
    La solución está en el término medio.° Con las ventajas° de las lentes rígidas. Y con las comodidades° de las lentes blandas.

preocupado . . . worried about
surprise

le . . . attracts your attention
snobbish

mundo . . . world of magic

launch

warm

lenses

rígidas . . . hard nor soft

no . . . there wasn't

en . . . in between/
advantages
comforts

Menor período de adaptación. Mayor porosidad. Fácil conservación. A buen precio.
25   Y por supuesto, el seguro° de General Óptica. Contra rotura° y
pérdida. Por tres años. Porque en General Óptica no perdemos de
vista su seguridad.°

insurance/
breaking

safety, well-
being

Acariciar cabellos° lavados con Champú Geniol . . .

Acariciar . . .
Caressing hair

LA IRRESISTIBLE TENTACIÓN

30   Para cada tipo de cabello hay un Champú Geniol . . . para cabellos
grasos, normales o secos° . . . un champú con tratamiento anti-caspa.°
Champú Geniol deja los cabellos tan suaves,° hermosos y perfumados
que acariciarlos es . . .

dry/anti-
dandruff
treatment
soft

¡LA IRRESISTIBLE TENTACIÓN!

35 ## Club del abrigo

Este año, nuestras prendas de agua° van a seguir los clásicos modelos.
Los tejidos° de moda. Los colores con tonos beige, tostado y marino.°
«Galerías Club», el nuevo Departamento de Cabelleros de

prendas . . .
rainwear
cloth, fabrics/
navy

GALERÍAS PRECIADOS
VENDE BUEN GUSTO
40
ÉSTA ES LA DIFERENCIA

Renault 12
¡Para gente de éxito!°

De sobria° elegancia
45 y línea exquisita.
Es el automóvil más
cómodo y personal. Renault 12.

Para gente de éxito. ¡Para usted!

RENAULT 12

    Adaptaciones de anuncios de: *¡Hola!* (Madrid), *Cambio 16* (Madrid), *Triunfo*
       (Madrid), *La Actualidad Española* (Madrid), *Hombre de mundo* (Colombia)

de . . .
successful
dignified

Actividades

A. ¿Comprende Ud.?

Referring to the advertisements you have just read, decide whether each of the following statements is true or false. If a statement is false, change it to make it true.

1. Si Ud. se preocupa por la impresión que les da a sus amigos, Ud. es como muchísimas otras personas.
2. Para comunicar sensaciones íntimas sin palabras, uno debe usar un buen champú.
3. La ventaja de las nuevas lentes de contacto es que no se pierden fácilmente.
4. La General Óptica asegura las nuevas lentes de contacto por tres años.
5. Para eliminar la caspa, uno debe usar un champú especial.
6. Hace falta una buena prenda de agua si uno quiere tener el pelo irresistible.
7. Según lo que implica el anuncio, una persona que se compra un Renault 12 se identifica como una persona de éxito.

B. Estudio de palabras

Before doing the activities in this section, study the words listed below. They all appear in the reading selection.

Expresiones

estar preocupado (por) *to be concerned, worried (about)*
gente de éxito *successful people*
lentes de contacto *contact lenses*
llamar la atención *to attract one's attention*
por supuesto *of course*

Sustantivos

el anuncio *ad*
los cabellos *hair*
el champú *shampoo*
el negocio *business*
el precio *price*
la ventaja *advantage*

Adjetivos

blando/a *soft*
esnobista *snobbish*
rígido/a *hard, rigid*
suave *soft*

1. Match the words and phrases in Column A with the related phrases in Column B.

A
a. los cabellos
b. esnobista
c. el precio
d. suave
e. los anuncios
f. el negocio

B
1. el champú
2. la publicidad
3. fino, blando
4. vender y comprar
5. el costo
6. sólo lo elegante, lo mejor, lo selecto

2. Complete these sentences with the Spanish equivalent of the words given in English.

a. Cuando me invitan a una cena elegante, siempre respondo,

¡ _____ !
       (of course)

b. Si Ud. quiere _____ de sus amigos, debe
              (to get their attention)
invitarlos a cenar en el Club 21.

c. Generalmente, _____ trabaja muchísimo.
              (successful people)

d. Siempre _____ mi presentación personal.
         (I am concerned about)

3. Answer the following questions, giving your own opinions.

a. ¿Tiene Ud. los cabellos largos o cortos? ¿Usa un champú especial o un champú corriente (*ordinary*)? ¿Por qué?
b. ¿Lleva Ud. lentes de contacto? ¿Son blandas o duras?
c. ¿Cuáles son las ventajas de vivir en nuestra ciudad? ¿Las desventajas?
d. ¿Cuál es su anuncio favorito? ¿El anuncio más cómico? Explique.

C. Problemas y productos

How can the following people improve their personal appearance? Offer suggestions by combining items from each column.

La chica con el pelo incontrolable		perfume
		colonia
El joven que no ve bien		loción para las manos
El joven con las manos sucias	se afeita con	gafas
	se pone	un cepillo
El hombre con barba	necesita	una máquina de afeitar
El chico con los dientes sucios	se peina con	pasta dentífrica
	lleva	lentes de contacto
La mujer con las manos secas	usa	champú
		jabón
La persona que quiere oler (*smell*) bien		un peine
		¿_____?

LLEVA GAFAS.

TIENE BARBA.

SE AFEITA.

SE PONE COLONIA.

EL PEINE

SE LAVA LOS DIENTES

EL CEPILLO

LA PASTA DENTÍFRICA

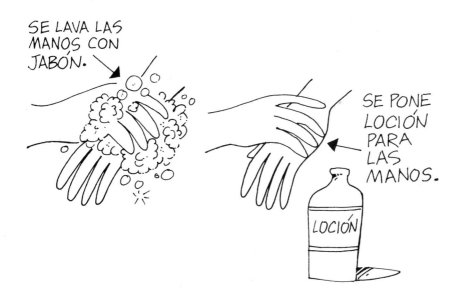

SE LAVA LAS MANOS CON JABÓN.

SE PONE LOCIÓN PARA LAS MANOS.

LOCIÓN

D. ¿Qué lleva Ud.?

Primera parte: Indicate whether you agree or disagree with each of the following statements *(Estoy de acuerdo/No estoy de acuerdo)*. If you disagree with a statement, tell what you might wear instead.

1. Cuando voy a un banquete formal llevo frac y corbata.
2. Cuando voy a la playa llevo zapatos, medias y pijama.
3. Cuando voy a la ópera llevo bikini.
4. Cuando duermo llevo vestido de noche y anteojos para el sol.
5. Cuando voy a hacer *camping* llevo *bluejeans* y botas.
6. Cuando voy a una fiesta de estudiantes llevo falda y suéter.
7. Cuando voy a un baile llevo frac y zapatos de tenis.
8. Cuando voy de picnic en el campo llevo bikini y anteojos para el sol.

Segunda parte: Pretend that you are dressed to go somewhere in particular. Tell your classmates what you are wearing, but do not tell them where you are going. Can they guess where you are going?

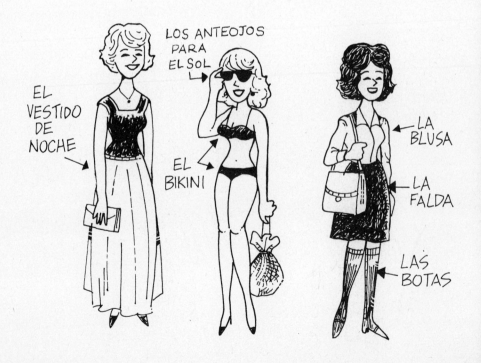

EL FRAC —tuxedo

LA CORBATA

LA CAMISA

EL SUÉTER

LOS BLUEJEANS

LOS ZAPATOS DE TENIS

EL PIJAMA

E. ¿Es Ud. esnob?
no

Are you a snob? "Of course not," you will probably say. But isn't this answer in itself a form of snobbism? If you want to be sure, answer the following questions. Select one answer for each question and be sure to tell the truth. Then add up the points (see the chart below) and read the interpretation of your score.

1. ¿Dónde le gusta comer para su cumpleaños?
   a. en casa
   b. en el restaurante más elegante de la ciudad
   c. en Taco Bell
2. ¿Qué medio de transporte prefiere Ud.?
   a. el transporte público
   b. una bicicleta
   c. un auto
3. ¿Qué le gusta hacer durante las vacaciones?
   a. esquiar en Aspen
   b. hacer *camping* en Nepal
   c. pasar un mes en Fort Lauderdale
4. ¿Cómo le afectan las últimas modas? (*latest fashions*)
   a. no me interesan
   b. compro sólo la ropa de Christian Dior/Halsted
   c. sigo mis propias modas
5. ¿Qué tipo de perfume prefiere Ud.?
   a. Avon
   b. «Charlie»
   c. Chanel Number 5
6. ¿Cuál es su coche preferido?
   a. El Rolls Royce
   b. El Ferrari
   c. El *Dune Buggy*
7. ¿Qué deporte prefiere Ud.?
   a. el karate
   b. el golf
   c. el fútbol europeo
8. Generalmente, ¿a qué hora cena Ud.?
   a. a las 5 de la tarde
   b. a las 7 de la tarde
   c. a las 9 de la tarde
9. ¿Come las patatas fritas con los dedos? *finger*
   a. sí
   b. no

SU PUNTUACIÓN

1. A = 1   B = 2   C = 0   2
2. A = 0   B = 4   C = 0   0
3. A = 1   B = 2   C = 0   2
4. A = 0   B = 1   C = 3   3
5. A = 0   B = 0   C = 2   2
6. A = 0   B = 1   C = 3   3
7. A = 0   B = 0   C = 2   2
8. A = 0   B = 0   C = 1   0
9. Los «esnobs» ya no comen patatas fritas. 0
   Cero en los dos casos.

SOLUCIÓN

Si tiene más de 16 puntos: Ud. es «esnob» por excelencia. Y si no dijo (*said*) la verdad, ¿quién va a saberlo? Eso, también, puede ser parte del esnobismo.

Si tiene de 12 a 16 puntos: Su esnobismo es evidente, pero no es nada sistemático. Aunque le fascinan las últimas modas, Ud. no se siente obligado a comprar todo lo nuevo ni a pasar sus vacaciones en uno de los tres lugares de los que habla todo el mundo.

Si tiene de 6 a 11 puntos: Generalmente Ud. conserva su libertad y si a veces se sacrifica a las modas, es porque le gustan. Pero no le gusta ser demasiado anticonformista.

Si tiene de 0 a 5 puntos: Las últimas modas no tienen influencia sobre Ud. Realmente, su conducta (*behavior*) está totalmente limpia de esnobismo. O, ¿es que su antiesnobismo es una forma de esnobismo? Si es así, Ud. tiene un carácter extraordinariamente independiente.

DÍGAME

1. Probablemente Ud. ve muchos anuncios en periódicos, revistas y televisión. ¿Qué piensa de ellos?

   ¿Hay algunos que le llaman la atención? ¿Cuáles?

   ¿Qué anuncios considera buenos? ¿malos? ¿Por qué?

   ¿Hay algún producto que Ud. compra como resultado de los anuncios?
2. Algunas personas dicen que las mujeres piensan más que los hombres en su presentación personal. ¿Qué piensa Ud.? ¿Por qué?
3. Piense en los anuncios de este capítulo y en los que Ud. ve todos los días, y prepare un anuncio comercial para algún producto o servicio (real o ficticio). Después, puede tratar de vendérselo a sus compañeros de clase.

4

El puente° de las Américas

° Bridge

Map labels: EL CANADÁ, LOS ESTADOS UNIDOS, GOLFO DE MÉXICO, OCÉANO ATLÁNTICO, MÉXICO, BELICE, CUBA, HAITÍ, REPÚBLICA DOMINICANA, EL SALVADOR, MAR CARIBE, PUERTO RICO, VENEZUELA, GUATEMALA, HONDURAS, NICARAGUA, PANAMÁ, COSTA RICA, COLOMBIA, LAS GUAYANAS, EL ECUADOR, EL BRASIL, EL PERÚ, BOLIVIA, OCÉANO PACÍFICO, CHILE, PARAGUAY, URUGUAY, LA ARGENTINA

Guía para la lectura

Before you begin to read a selection, it is helpful to try to anticipate what kind of information you will find in it. The following should help you to do so:

1. Look at the title. Does it give you any clues?
2. Look carefully at any drawings or photographs that accompany the selection. What do they suggest?
3. Use your knowledge of the real world—facts, relationships, probabilities—to help you to determine what types and specific items of information you might find in the reading.
4. Read over the content questions that follow the selections; they will give even more direction to your reading.

For practice, match the titles and content questions in Column A with the topics listed in Column B.

A
Titles and Questions
1. ¿Quiere Ud. ser más elegante?
2. Así escribo, así soy
3. ¿Valentía o locura?
4. Tres misterios y una explicación
5. ¿En qué se parecen Louis Armstrong y Andrés Segovia?
6. ¿Cuál es la comida principal en España?
7. ¿Cómo se puede captar el poder del sol?

B
Topics
a. energy problems
b. music
c. advertising
d. dangerous pastimes
e. eating customs
f. handwriting analysis
g. superstitions

Now, consider the selection you are about to read. Its title is *"El puente de las Américas."* What does it suggest to you? Look at the outline map on the title page and the photographs on pages 36 and 41. What information do they provide? What type of information would you expect to find in this selection?

Si usted está preparando sus vacaciones y desea ir a alguna parte que ofrece algo más que puro exotismo, vaya a la República de Panamá. Ese país centroamericano tiene mucha historia y además es políticamente importante.

5   Una especie° de puente doble, Panamá une° la América del Sur   type, kind/joins
con las repúblicas del norte, y también, con su canal, une el océano
Pacífico con el Atlántico. Es precisamente esta situación estratégica
en el hemisferio lo que ha hecho° de aquel país un caso especial   ha . . . has made
entre las naciones del hemisferio. Hay dos fechas y dos
10   acontecimientos° que pueden explicar esto: events
       1903: Hasta ese año Panamá es una provincia de la República de
Colombia, pero una provincia separada del resto del país por una

jungle

selva° impenetrable. También en esa época, hay interés mundial en
construir un canal por el istmo° para así facilitar el transporte inter-
15 nacional. Estos dos hechos°—la separación física del resto de Colombia y el interés en la construcción de un canal—proveen° los mo-
tivos para la separación política de la provincia del resto del país. Es
aquí donde la historia se complica:° ya que° Colombia no tiene los
recursos° económicos para construir un canal y otras naciones deciden
20 abandonar tal° proyecto, los EE.UU. decide realizarlo. Con este motivo y bajo el liderazgo del Presidente Theodore Roosevelt, los
EE.UU. interviene en el proceso de independencia, apoyando° a Panamá. Este acto de intervención determina el carácter de la nueva
nación: va a ser dominada por el canal y por la presencia de los
25 EE.UU.[1]

1978: Después de 75 años de controlar la Zona del Canal e indi-
rectamente toda la República de Panamá, los Estados Unidos, bajo el
liderazgo del presidente Jimmy Carter, firma un tratado° con Panamá.
Este tratado garantiza a Panamá el control total del canal para el año
30 2000. Marca el final de un Panamá dividido en dos partes y mejora
las relaciones entre los Estados Unidos y el resto de las Américas.[2]
Así que en el año 2000—casi cien años después de separarse de Colombia—Panamá será° un país completamente independiente y
desaparecerá° su situación peculiar entre las naciones del hemisferio
35 occidental.

Al viajero que tiene interés en las complicaciones de la política y
las relaciones internacionales y en la historia del hemisferio occidental, Panamá le puede ofrecer mucho. Si Ud. decide viajar a Panamá,
puede descubrir directamente cómo el canal y su historia han
40 afectado° las actitudes de los panameños y sus relaciones con los

jungle
isthmus
facts
provide

se ... becomes
complicated/
since
resources
such a
by supporting

treaty

will be
will disappear

han ...
have affected

Estados Unidos y el resto de América. Además puede apreciar una historia y una cultura variadas; puede apreciar lo° viejo y lo moderno, lo indígena° y lo europeo. Le sugerimos° lo siguiente. *the*

indigenous/we suggest

VEA USTED LA HISTORIA Y EL PROGRESO: Vaya al museo
45 nacional donde hay obras° artísticas de varias culturas de hoy y del pasado. Visite el gran canal—la octava maravilla del mundo—para ver los grandes barcos de todas partes del mundo que esperan el paso° por el canal. *works*

passage

VISITE LUGARES ROMÁNTICOS: Tome usted un autobús a uno
50 de los pintorescos pueblos del interior. En el Valle de Antón, visite los mercados al aire libre° y compre productos hechos a mano.° ¡Va a tener que regatear!°³ **mercados ... open-air markets/hechos ... handmade to bargain, to haggle**

COMA USTED PLATOS DELICIOSOS: Vaya a un restaurante de comida nacional, y pida los famosos mariscos° o el delicioso seviche°
55 panameño. *shellfish/ marinated fish*

COMPRE USTED *SOUVENIRS*:⁴ Panamá es el Hong Kong del Hemisferio Occidental. Compre usted perfumes franceses o cámaras japonesas a precios muy bajos. Para tener un buen *souvenir* de Panamá, compre unas molas° hechas por los indios Kunas. *hand-appliquéd, decorative textiles*

60 **DIVIÉRTASE USTED:** Vea una pelea de gallos° o una carrera de caballos.° Vaya a uno de los grandes *shows*⁴ internacionales en su hotel. Escuche la música de famosos cantantes hispanoamericanos. **pelea ... cockfight carrera ... horse race**

Combinando° la diversión tropical con una comprensión de la historia y la política de la República de Panamá, usted puede descansar
65 y al mismo tiempo apreciar «el puente de las Américas». *By combining*

Notas lingüísticas y culturales

1. "Panamá embarked upon independent life as a protectorate of the United States, a status defined by the Hay-Bunau Varilla Treaty of 1903 and confirmed by the constitution adopted the following year.

The United States was granted possession in perpetuity of the ten-mile strip across the Isthmus 'as if it were sovereign'; it was empowered to appropriate whatever other lands or waters of the Republic it deemed necessary for the construction and maintenance of the Canal, and was authorized to intervene for the protection of the Canal and to exercise complete control over the sanitation and policing not only of the Zone itself but also of the cities of Colón and Panamá. In return for these concessions, the United States undertook to 'maintain the independence of the Republic of Panamá,' and to pay $10,000,000 in gold and an annuity of $250,000 'in like gold coin,' beginning nine years after the ratification of the treaty." (Hubert Herring, *A History of Latin America*, New York: Alfred A. Knopf, 1961, pp. 473–474.)

2. Since 1903, the U.S. presence in Panamá has been regarded by Latin American nations as the prime example of U.S. imperialism in their part of the world. It has been one of the obstacles in the formulation of sound international relations between the U.S. and her Latin American neighbors.

3. *El regateo* (v. *regatear*), or the act of bargaining, is a common custom in Hispanic countries. When one shops for anything in open-air markets, including food, he or she usually bargains for the price. This may also occur in small shops. However, in many other stores, especially larger department stores, items will be priced and the buyer is not expected to bargain.

4. Every language takes elements from other languages, especially vocabulary. Spanish has borrowed many words from English in science, technology, sports, fashions, and food and drink: *líder* (leader), *béisbol* (baseball), *suéter* (sweater), *cóctel* (cocktail). Borrowed words, however, change somewhat when they enter the Spanish language, especially in pronunciation. The English pronunciation of many of these words might not be understood by a native speaker of Spanish: *estándares* (standards), *estandarizar* (standardize), *jersey* (jersey), *hamburguesa* (hamburger).

Actividades

A. ¿Comprende Ud.?

Primera parte: Match the sentence fragment in Column A with its completion in Column B to form true sentences based on the content of the reading selection.

A

1. La República de Panamá es un país de interés para el viajero porque . . .
2. Panamá está estratégicamente situado porque . . .
3. Dos situaciones que explican por qué Panamá quiere la independencia de Colombia son . . .
4. Los Estados Unidos interviene en el proceso de independencia de Panamá porque . . .
5. El tratado que los Estados Unidos firma con Panamá en 1978 . . .

B

a. . . . le da a Panamá el control sobre el Canal y sobre su propio destino.
b. . . . su presidente quiere garantizar la construcción de un canal.
c. . . . ofrece exotismo e historia y tiene importancia política.
d. . . . su separación física del resto de aquel país y el interés en construir un canal.
e. . . . une las dos Américas y dos grandes océanos.

Segunda parte: Basing your responses on the reading selection, complete each of the following statements to show what one might do in Panamá.

1. Para comer bien, uno puede . . . .
2. Para divertirse, uno puede . . . .
3. Para ver la historia de Panamá, uno puede . . . .
4. Para obtener *souvenirs,* uno puede . . . .
5. Para conocer Panamá, uno puede . . . .

B. Estudio de palabras

Before doing the activities in this section, study the words listed below. They all appear in the reading selection.

Verbos	Sustantivos
construir *to build*	el hecho *fact*
descansar *to rest*	el pasado *past*
divertirse (ie) *to enjoy oneself*	el puente *bridge*
explicar *to explain*	la selva *jungle*
firmar *to sign*	el transporte *transportation*
proveer *to provide*	el viajero *traveller*
sugerir (ie) *to suggest*	
unir *to join together*	

1. Which word(s) from the vocabulary list can you associate with each of the following: *domingo, árboles y plantas, viajar, diversión, trenes y aviones?*
2. Which words are opposite in meaning from these: *destruir, separar, ficción, futuro?*
3. Complete these sentences with appropriate forms of words from the list on the left.

nadar
sugerir
firmar
explicar
descansar
proveer

   a. El guía _____ la historia del museo.
   b. Antes de ir al banco debo _____ este cheque.
   c. No sé si debo ir con ellos o no. ¿Qué me _____ tú?
   d. Como trabajo ahora, voy a _____ esta noche.

4. Create original sentences using the following words: *descansar, transporte, divertirse.*

C. ¡Vamos a Panamá!

The following four categories offer possible things to do in Panamá. Rank the items in order of your personal preference. Then choose a traveling companion and plan an imaginary trip. Try to agree on the things you most want to do.

Dónde comer
_____ en un restaurante nacional no-turístico
_____ en un restaurante nacional elegante
_____ en un restaurante japonés (o chino, o americano, etc.)

Espectáculos que ver
_____ una pelea de gallos
_____ las carreras de caballos
_____ un *show* internacional de canto y baile

Qué visitar
_____ el Museo Nacional
_____ el Canal de Panamá
_____ un pueblo pintoresco del interior
Cómo pasar el tiempo libre
_____ regatear en un mercado
_____ buscar *souvenirs* en un pueblo
_____ pasear por la ciudad

D. En la agencia de viajes

Imagine that you are a travel agent and need to give advice to each of the following people. Which of the vacations listed would you suggest for each of them? Discuss your suggestions with some of your classmates.

Clientes

1. Eleanor Peabody es una señora de cincuenta años y tiene dos semanas de vacaciones. Su esposo ya no vive y por eso ella va a viajar sola. Es una mujer de muchos intereses y energía.
2. Los Brooks tienen cuatro hijos de unos cuatro a diez años de edad. Son muy buenos padres y siempre piensan en la educación de sus niños. Tienen dos semanas de vacaciones durante el mes de julio.
3. Vicente Cardoso es un español que trabaja en una compañía de construcción en Barcelona. No le pagan mucho, pero acaba de ganar la lotería nacional. Con ese dinero, va a visitar a su hermano José que vive en Nueva Jersey. Los dos hermanos van a viajar juntos.
4. Stuart Marshall es un hombre sofisticado. Tiene unos treinta años y le gusta divertirse. No tiene problemas con el dinero . . . es parte del *jet-set*.

Vacaciones

1. ir a Vermont a esquiar
2. visitar Disneylandia
3. gozar de la playa en la Florida
4. hacer *camping* en un parque nacional
5. ir a Nueva York para asistir al teatro
6. ir a Williamsburg, Virginia, para ver una ciudad colonial
7. ir a los casinos en Las Vegas
8. pasar unas vacaciones tranquilas en una casita de Cape Cod
9. hacer un safari fotográfico en África
10. gozar de la vida nocturna de Acapulco
11. hacer una excursión por Europa—diez países en catorce días
12. visitar ruinas arqueológicas en Centroamérica
13. vivir con una familia en Buenos Aires
14. ¿————————?

E. La intervención

Intervention has been a part of international politics for centuries. Indeed, nations have been built and destroyed by it. Think about the cases listed below and then answer the questions that follow.

—la intervención de las naciones europeas en las civilizaciones del Nuevo Mundo (siglos 15 y 16)

—la intervención de las potencias (*powers*) coloniales en el mundo no industrializado (siglo 19)

—la intervención de los Estados Unidos (EE.UU.) en Panamá (1903)

—la intervención de la Unión de las Repúblicas Sociales Soviéticas (URSS) en Checoslovaquia (1968)

—la intervención de los EE.UU. en Vietnam (los 1960)
la intervención de los EE.UU. en Chile (los 1970)
—la intervención de la URSS en Afganistán (1980)

1. ¿Cuáles son los resultados de cada acto?
2. ¿Debe un país intervenir en los asuntos (*affairs*) internos de otro?
   a. Si Ud. cree que sí, ¿cuándo? ¿en qué circunstancias?
   b. Si Ud. cree que no, ¿por qué no?

DÍGAME

Your own home town or area of residence could be an exotic place for someone from another part of the world. Think about where you live and prepare a vocation brochure. In promoting your area you might want to consider the following:

1. ¿Qué hay de interés histórico? ¿edificios? ¿museos? ¿otros lugares?
2. ¿Hay algunos restaurantes especializados en los platos de la región?
3. ¿Qué clase de diversión ofrece?
   —¿Hay lugares para practicar deportes acuáticos?
   —¿Hay una región de campo especialmente atractiva para hacer *camping* o para montar a caballo? ¿Hay un parque nacional?
   —¿Hay discotecas? ¿teatro? ¿cine?
   —¿Hay lugares para jugar al béisbol (al tenis, etc.)?

Así escribo, así soy

Guía para la lectura

As you know, the knowledge of cognates can be an invaluable aid in helping you to understand what you read (See *Guía para la lectura,* pages 13–14). There are some words in Spanish, however, that look much like English words but, in fact, do not mean what they appear to mean. For example, the word *sensible* which appears in this reading means "sensitive," not "sensible." Therefore, in order to be able to read accurately, you must be aware of both true cognates and false cognates.

Using the clues offered by the context of the following sentences, guess the meaning of each of the italicized false cognates.

1. Hay muchos *parientes* en la familia de José Vicente: 10 hermanos, 1 abuelos, 18 tíos y 26 sobrinos.
2. El viaje de San Francisco a Nueva York es muy *largo*—más de 3 días en auto.
3. Oye, ¿tú vas a *asistir* al partido de básquetbol esta tarde?
4. El *patrón* dice que sus empleados tienen que llegar a tiempo a trabajar, o no les va a pagar.
5. Carlota tiene mucho *éxito* en la escuela: siempre recibe una «A» en sus exámenes.
6. Me gusta mucho leer; en realidad, la *lectura* es mi pasatiempo favorito.
7. Manolo está de muy mal *carácter* hoy: no tiene sonrisa, está nervioso, y habla mal de todo el mundo.
8. El *dormitorio* donde vivo es pequeñísimo: sólo hay espacio para una cama doble.
9. Esta noche, el doctor Olívar va a dar una *conferencia* sobre la teoría de la evolución. Va a asistir mucha gente.

Si Ud. quiere conocerse a sí mismo,° no es siempre necesario consultar a un psiquiatra,° ni contestar muchos cuestionarios psicológicos. Según° los especialistas en grafología,° Ud. puede aprender mucho con sólo estudiar su propia escritura.° Ellos creen que Ud.
5   proyecta su personalidad en su manera de escribir. Naturalmente, esto significa que otras personas también pueden conocerlo a Ud. por su escritura. Por eso, los grafólogos prestan° sus servicios en muchas situaciones. Por ejemplo, ayudan a las grandes corporaciones a seleccionar empleados° con personalidad apropiada para cada tipo de tra-
10 bajo. En los tribunales,° los grafólogos indican si un individuo puede ser el autor de un documento importante. Y aun muchos psiquiatras emplean la grafología como «grafoterapia»° para conocer y tratar° mejor a sus pacientes.

    Pero, ¿qué aspectos de la escritura revelan su personalidad? ¡Casi
15 todos! Por ejemplo, su escritura puede ser vertical o inclinada. Si es más o menos

vertical,

indica que Ud. es más intelectual que emocional; piensa muy analíticamente, y prefiere resolver sus propios° problemas. Si su escritura se inclina

a . . . yourself
psychiatrist
According to/
handwriting
analysis
handwriting

make available
(lit., **prestar** *=*
to lend)
employees
courts

"graphotherapy"/
treat

own

hacia la izquierda,

20 Ud. es persona sincera, leal,° y muy cariñosa.° Pero es difícil conocerlo a Ud. porque generalmente no refela sus sentimientos a otros.
Además le gusta ser diferente—un poco bohemio, tal vez. Si su escritura se inclina

hacia la derecha

más que lo normal, Ud. es sensible° y sentimental . . . a veces
25 demasiado° sentimental. También es Ud. generoso, sincero y muy
cariñoso. Tiene gustos sencillos° —no es una persona presumida.°

¿Conecta Ud. las letras o las escribe separadas? Si casi siempre

las conecta,

Ud. es práctico, lógico y prudente; no toma decisiones impulsiva-
mente, y después de decidir, no tiende a cambiar de opinión.° Si casi

nunca conecta las letras

30 es Ud. muy listo° y tiene mucha imaginación. Toma decisiones rápida
e intuitivamente, y generalmente forma sus preferencias a primera
impresión.

El tamaño° de su escritura también tiene importancia. Si Ud. escribe en tamaño

menor que el normal,

35 Ud. es una persona de extraordinaria inteligencia que piensa mucho
y habla poco. Es muy perceptivo—puede interpretar bien y rápidamente cualquier situación. Irónicamente, muchas veces tiene poca
confianza° en sí mismo. Si escribe en tamaño

mayor que el normal,

Ud. tiende a ser generoso, valiente y entusiasta. Pero también puede
40 ser extravagante, nervioso y un poco egotista, cualidades que se encuentran en muchos buenos artistas.°1

	loyal/ affectionate
	sensitive
	too
	gustos . . . simple tastes/ pretentious, "show-offy"
	no . . . don't tend to change your mind
	clever, witty
	size
	confidence
	entertainers

Hay muchos más detalles que los grafólogos estudian, y el proceso es bastante complicado: ¡no es posible hacer un buen análisis de escritura en cinco minutos! ¿Por qué? Porque ninguna característica de
45 su escritura existe sola, y es necesario considerar cada una en combinación con las otras. Además, para llegar a una interpretación correcta, hay que estudiar varios ejemplos de la escritura de un individuo. Un solo ejemplo puede reflejar° una condición o actitud del   reflect
momento — como la fatiga o la depresión — y no una característica
50 estable° de la persona.   stable
Ahora bien, éstas son precauciones que siguen los grafólogos profesionales. Sin embargo,° no es necesario hacer un análisis tan compli-   Sin . . .
cado si Ud. sólo quiere divertirse° un poco. ¿Por qué no examina Ud.   Nevertheless
su escritura para ver si dice la verdad sobre su personalidad? ¡Puede   to enjoy
   yourself, have a
55 ser muy interesante!   good time

Notas lingüísticas y culturales

1. The English word "entertainer" has no direct translation in Spanish. The word used in Spanish depends on the perspective of the speaker. When an entertainer refers to himself, he usually says: *Soy artista.* When someone else refers to an entertainer, he may say: *Es animador.*

Actividades

A. ¿Comprende Ud.?

Basing your decision on the reading selection, decide whether each of the following statements is true or false. If a statement is false, change it to make it true.

1. La grafología es el arte de escribir bien.
2. Los grafólogos piensan que la escritura puede revelar la personalidad.
3. Es muy fácil hacer un análisis de escritura.

4. Es mejor estudiar solamente un ejemplo de la escritura de una persona —si estudia varios, puede confundirse.
5. No es necesario ser grafólogo profesional para divertirse con el estudio de la escritura.

B. Estudio de palabras

Before doing the activities in this section, study the words listed below. They all appear in the reading selection.

Verbos
reflejar *to reflect*
tender a (ie) *to tend to*
tratar *to treat*

Adjetivos
cariñoso *affectionate*
listo *clever, witty*
sencillo *simple*

Sustantivos
el detalle *detail*
el/la empleado(a) *employee*
la escritura *handwriting*
la letra *letter, handwriting*
el/la paciente *patient*
el sentimiento *feeling*
el tamaño *size*

Expresiones

cambiar de opinión *to change one's mind*

tomar una decisión *to make a decision*

1. **Match the words in column A with related concepts in column B.**

   A
   a. el psiquiatra
   b. el empleado
   c. la letra
   d. el sentimiento
   e. reflejar

   B
   1. el trabajo
   2. la escritura
   3. el/la paciente
   4. la meditación
   5. la emoción

2. **Complete these sentences with the Spanish equivalents of the words given in English.**

   a. Ese niño siempre _____ cuando quiere algo.
   (changes his mind)

   b. Yo _____ ponerme fatigada cuando corro.
   (tend to)

   c. Un psiquiatra _____ a gente que tiene problemas.
   (treats)

   d. No es necesario _____ ahora mismo.
   (to make a decision)

3. **Complete these sentences with appropriate forms of words from the list on the left.**

   cariñoso
   el detalle
   listo
   sencillo
   el tamaño

   a. ¡Esa Julia lo sabe todo! ¡Es tan _____ !
   b. Mi esposo Héctor es muy _____—siempre me besa y me trae flores.
   c. —¿Quieres mi ayuda con las matemáticas?
      —Gracias, no; para mí, es muy _____
   d. Quiero comprarle pantalones a mi hermanito, pero no sé su _____ .
   e. Es tan difícil construir esta casa . . . es que hay muchos _____ en las instrucciones.

4. **Complete the following sentences using your imagination and creativity.**

   a. Para mí, es difícil tomar una decisión cuando . . . .
   b. Yo tiendo a cambiar de opinión cuando . . . .
   c. Mi escritura revela que yo soy . . . .

C. La grafología en el empleo

Primera parte: Imagine that you have been hired by an employment agency to interpret the handwriting of job applicants. Your task today is to provide the agency with all the information you can infer from the following sample:

Apellidos: _Avila Contreras_

Nombres: _Federico Alejandro_

Domicilio: _Avenida Bernardo O'Higgins, 601, Apto. 8_

Población: _Viña del Mar, Chile_

Prepare your report by choosing all the appropriate completions for each of the following statements.

1. La inclinación de la escritura indica que el escritor . . . .
   a. es sincero y leal
   b. prefiere resolver sus propios problemas
   c. es difícil de conocer
   d. es sensible y sentimental
   e. es un poco bohemio
   f. es más intelectual que emocional
   g. no revela sus sentimientos a otros
2. La manera de conectar las letras indica que el escritor . . . .
   a. es práctico, lógico y prudente
   b. es muy listo
   c. tiene mucha imaginación
   d. no cambia fácilmente de opinión
   e. forma sus gustos a primera impresión
   f. piensa mucho antes de tomar una decisión
   g. toma decisiones rápida e intuitivamente
3. El tamaño de la escritura revela que el escritor . . . .
   a. es muy perceptivo
   b. tiene poca confianza en sí mismo
   c. tiene extraordinaria inteligencia
   d. es generoso, valiente y entusiasta
   e. es extravagante y nervioso
   f. piensa mucho y habla poco
   g. es un poco egotista

Segunda parte: Now that you know something about this job applicant, imagine that you are the president of the employment agency. Which of the following jobs might you recommend to the applicant? Why? You may wish to make your decision with a group of classmates.

Puesto: Director de Recreación
Responsabilidades: Coordinación de programas de recreación en los parques municipales. Supervisión de los líderes de programas deportivos y culturales. Preparación de nuevos programas para jóvenes de 12 a 18 años de edad. Publicidad para el Departamento Municipal de Recreación.

Puesto: Secretario Ejecutivo
Responsabilidades: Ser secretario, ayudante y confidente del presidente de una compañía electrónica. Estar presente en las reuniones de los directores de la compañía; viajar mucho. Tener personalidad muy agradable, porque es necesario tener contacto con muchos tipos de personas.

Puesto: Jefe de la Línea de Producción de una Compañía de Bicicletas
Responsabilidades: Supervisión de los trabajadores en la línea de producción. Reuniones frecuentes con el Jefe de Producción. Promoción de las buenas relaciones entre los trabajadores y la administración de la compañía.

D. Ud. es grafólogo(a)

Now that you have practiced analyzing a make-believe sample, you may wish to analyze some real handwriting: your own, a friend's, or both. If you analyze your own handwriting, compare the results of your analysis with what you know of your own personality—do they agree? If you analyze a friend's handwriting, check the accuracy of your analysis by asking your friend if he or she really does have the characteristics you inferred in your analysis. The adjectives presented in the reading, plus additional ones you may wish to use in your discussion, are provided below.

amable	imaginativo(a)	paciente
ambicioso(a)	impaciente	pensativo(a)
analítico(a)	impulsivo(a)	perceptivo(a)
bohemio(a)	independiente	práctico(a)
cariñoso(a)	intelectual	pretencioso(a)
dinámico(a)	inteligente	prudente
egotista	introvertido(a)	reservado(a)
emocional	irresistible	responsable
enérgico(a)	irresponsable	sensible
entusiasta	leal	sentimental
exacto(a)	listo(a)	sincero(a)
extravagante	lógico(a)	solitario(a)
extrovertido(a)	modesto(a)	triste
generoso(a)	nervioso(a)	valiente

DÍGAME

1. Para algunas personas la personalidad es la cosa más importante de su vida.
   —¿Cuánta importancia tiene para Ud.?
   —¿Para qué trabajos es importantísima la personalidad? Explique.
2. En su opinión, ¿qué es más importante, tener una buena personalidad o ser muy inteligente? ¿Para un(a) amigo(a)? ¿Para un(a) novio(a)? ¿Para un(a) profesor(a)? Explique.
3. ¿Qué otras cosas son de la misma importancia para un(a) amigo(a)? ¿Por qué son tan importantes?

Una revolución sin violencia

Guía para la lectura

In anything that you read, some paragraphs and sentences are more important than others. The first paragraph will usually give you an idea of the theme, scope, or perspective of the author. The last paragraph will usually summarize the information or its importance. By scanning the first and last sentences of each paragraph, you can usually identify the key ideas of the reading. Once you are aware of the main ideas, you will be able to read quickly, anticipating and organizing the remaining information more easily.

Look at the following segments of the reading *Una revolución sin violencia* and try to gain as much information as you can about the reading.

1. Title: *Una revolución sin violencia.* What does the title tell you?

2. Beginning of first paragraph:
    En las montañas de Colombia los campesinos viven geográficamente aislados. No tienen ni la comunicación ni la educación que necesitan para participar activamente en el progreso de su país. Por eso, ocurre en Colombia una revolución . . .
    Where does this revolution take place? Why has it occurred?

3. Beginning of third, fourth, and fifth paragraphs:
    Las actividades de la revolución comienzan todos los días a las cuatro.
    Luego, a las cinco y media de la mañana continúa el programa de radio con lecciones formales.
    Cuando los estudiantes se reunen para sus lecciones, un líder local siempre está presente con ellos.
    How do these revolutionaries spend their time? What might they be learning? What might the purpose of their revolution be?

4. Beginning of last paragraph:
    La influencia de la «revolución» de los campesinos colombianos ahora pasa a otros países.
    How successful has the revolution been?

En las montañas de Colombia los campesinos° viven geográficamente aislados.° No tienen ni la comunicación ni la educación que
necesitan para participar activamente en el progreso de su país. Por
eso, ocurre en Colombia una revolución . . . pero es una revolución
5 muy diferente. Estos campesinos aprenden a leer y escribir para me-
jorar° su estándar de vida—participan en una revolución sin violencia.

«Así debe ser la revolución», afirma monseñor°[1] José Joaquín Salcedo, director de la Acción Cultural Popular, organización central de
la revolución. La Acción Cultural Popular es una programa de edu-
10 cación y de desarrollo de la comunidad; todos los días ofrece clases
por radio a más de 185.000 campesinos colombianos.[2] «El campesino
colombiano es un revolucionario nato»,° dice monseñor Salcedo.

country people
isolated

improve

monsignor (a
title given to
some Catholic
priests)

revolucionario
. . . born
revolutionary

«Pero sabe ahora—después de nuestro período de guerra civil°3 —
que la violencia no produce nada. Con la Acción Cultural Popular
15 ofrecemos al campesino la alternativa de salir de la pobreza° sin el
uso de las armas.»

Las actividades de la revolución comienzan todos los días a las
cuatro de la mañana. A esta hora la voz° del locutor de radio° de
Bogotá saluda° a los campesinos en sus casas aisladas. Mientras ellos
20 preparan sus actividades del día, el locutor les da consejos sencillos°
sobre métodos para mejorar el cultivo° en el campo y la vida en casa.
Estos consejos son la respuesta al gran número de cartas que los campesinos escriben a los instructores del programa.

Luego, a las cinco y media de la mañana continúa el programa de
25 radio con lecciones formales. Los campesinos se reúnen° en grupos
de cinco o seis personas en sus casas, en la iglesia o en otros lugares
de la comunidad. Allí escuchan por radio a los agrónomos,° a los
especialistas en economía doméstica,° a médicos y a otros «profesores
del aire» que dan clases muy básicas y muy prácticas. Estas clases
30 tienen un propósito° dual: enseñar a leer y escribir y, al mismo
tiempo, ofrecer consejos prácticos para mejorar la vida. Si quieren
aprender más, los estudiantes pueden recibir cada semana un periódico preparado especialmente para ellos. También hay discos, libros
sencillos y cursos por correspondencia.

35 Cuando los estudiantes se reúnen para sus lecciones, un líder local
siempre está presente con ellos. Este líder tiene una preparación especial para trabajar con la Acción Cultural Popular. Su responsabilidad en la comunidad es ayudar a los campesinos a entender las lecciones del aire. Además, los ayuda a poner en práctica lo que
40 aprenden. Con su ayuda los campesinos forman organizaciones especiales en sus comunidades y construyen° juntos sus escuelas, campos deportivos,° puentes° y otras obras° para la comunidad. Todas
estas actividades de la Acción Cultural Popular dan muy buenos resultados: la vida del campo es mucho mejor que antes, y además, cada
45 año cerca del 70 por ciento de los estudiantes aprenden a leer.

La influencia de la «revolución» de los campesinos colombianos
ahora pasa a otros países. «Somos discípulos° de los colombianos»,
exclama el padre Manuel Sánchez Fuentes, director de Radio la Voz
de la Costa, escuela radiofónica de Chile. Además, otros quince países
50 de Hispanoamérica tienen sus programas educativos similares—todos
inspirados en el modelo colombiano. Así, la revolución sin violencia
ayuda a reducir la ignorancia y a mejorar la vida en las regiones rurales
de muchas partes de Hispanoamérica.

Adaptación de un artículo de Selecciones del Reader's Digest

guerra . . . civil
war

poverty

voice/**locutor**
. . . radio
announcer
greets
consejos . . .
simple advice
farming

se . . . meet

agronomists
economía . . .
home
economics
purpose

build
campos . . .
sports fields/
bridges/
projects
(*lit.*, works)

pupils,
followers

Notas lingüísticas y culturales

1. Those priests who receive the title Monsignor (*monseñor*) are specialists in such areas as canon law, education, and philosophy, and serve as part of the immediate advisory council to the bishop of a Catholic diocese.

2. *La Acción Cultural Popular* was begun in 1947 as an educational radio program for adults in the Colombian village of Sutatenza, where Monsignor Salcedo was then working as a parish priest. Since its inception with a small group of 45 students, the program has grown to a national scale. It is now housed in a modern fourteen-story office building in Bogotá, where a paid staff of some 700 people teach, research, and write materials for students numbering in the hundreds of thousands. The program has received financial aid from the Colombian government as well as several foreign governments. It now has four transmitting stations throughout the country plus its own facilities for printing educational materials. The program has been so important to the development of Colombian educational goals that its director, Monsignor Salcedo, has twice been awarded the *Cruz de Boyacá*—the highest honor that can be bestowed upon a Colombian citizen.

3. Although Colombia has been considered by historians as one of the most democratic and stable nations of Latin America, it has had a history of internal conflict between liberals and conservatives. Although this conflict began as early as the 1830's, the most volatile years of civil strife occurred between 1948 and 1957. This period is referred to as *La Violencia,* and was ignited by the assassination of the ultra-liberal, working-class organizer, Jorge Eliécer Gaitán. These years were characterized by bloody confrontations between liberal and conservative forces throughout the country. At the height of violence in 1953, Colombian citizens were murdering each other at the rate of 1,000 per month.

Actividades

A. ¿Comprende Ud.?

Primera parte: Basing your decision on the reading selection, decide whether each of the following statements is true or false. If a statement is false, change it to make it true.

1. Los campesinos de las montañas de Colombia no quieren tomar parte en el progreso de su país.
2. La revolución de la Acción Cultural Popular no usa soldados ni aviones de combate.
3. Según monseñor Salcedo, la revolución debe ofrecer a la gente la educación y el desarrollo de la comunidad.
4. Los cursos por correspondencia son el medio de comunicación más importante entre los campesinos y la Acción Cultural Popular.
5. Los líderes locales son muy importantes en el trabajo de la Acción Cultural Popular.
6. Este tipo de programa «revolucionario» existe solamente en Colombia.

Segunda parte: Now answer the following questions.

1. ¿Qué tipo de «profesores del aire» dan clases con la Acción Cultural Popular?
2. ¿Qué cosas pueden aprender los campesinos con la Acción Cultural Popular?
3. ¿De qué otra manera además de la radio pueden aprender los campesinos?
4. ¿Qué hacen las organizaciones especiales de campesinos para mejorar la vida de la comunidad?
5. ¿Por qué es posible decir que otros latinoamericanos son discípulos de los colombianos?

B. Estudio de palabras

Before doing the activities in this section, study the words listed below. They all appear in the reading selection.

Verbos

ayudar (a + inf.) *to help*

construir *to build, construct*

enseñar (a + inf.) *to teach*

mejorar *to improve*

reunirse *to meet, to get together*

Expresiones

dar buenos resultados *to give good results*

Sustantivos

el/la campesino(a) *farmer, peasant, country person*
el cultivo *farming*
el desarrollo *development*

la guerra *war*
el/la locutor(a) *announcer*
el propósito *purpose*
la pobreza *poverty*

Adjetivos

aislado *isolated*

1. **Which words from the list above are defined below?**

    a. una persona que vive en el campo
    b. el estado de la persona que no tiene lo necesario para vivir
    c. trabajar con otro y ofrecer cooperación
    d. el motivo, el fin
    e. la acción y efecto de plantar y cuidar el desarrollo de las plantas

2. **Complete these sentences with appropriate forms of words from the vocabulary list.**

    a. Este programa de empleo es importante para el _____ económico de nuestro país.
    b. Mi tío lo sabe todo y es buen profesor; me va a _____ a hablar francés.
    c. Todos queremos la paz; nadie quiere la _____ .
    d. Mis abuelos viven en el campo, en un sitio _____ .
    e. Me gusta este jabón; es muy bueno y siempre _____ .

3. **Complete the following sentences, expressing your own ideas.**

    a. Mi locutor(a) de televisión favorito(a) es . . . .
    b. Cuando me reuno con mi familia (con mis amigos), me gusta . . . .
    c. Si compro un producto que no da buenos resultados, yo . . . .
    d. El propósito de . . . es . . . .

C. ¿Cómo aprende Ud.?

People learn things in different ways, both in and out of school. How do you prefer to learn? Indicate some of your preferences by combining items from each column. Then, add another original sentence which explains your first choice.

	la literatura		leer revistas o libros
	la historia		de la biblioteca
	la biología		ver películas
	algo sobre las		ver explicaciones en
	plantas		la pizarra
	la geometría		participar en
	la mecánica		discusiones
Cuando	a escribir	prefiero	trabajar en el
aprendo	música	debo	laboratorio
Para aprender	a ser fotógrafo		practicar fuera de la
	a esquiar		clase
	a hacer		ganar experiencia
	camping		práctica
	a ser piloto de		ir a las montañas
	avión		ir al jardín botánico
	¿————?		hacer excursiones al
			campo
			¿————?

D. La educación y los medios de comunicación

As you have learned in this reading selection, Colombians have used radio as an educational tool, a source of information. Besides the radio (*la radio*), there are other media through which we acquire information about our world, e.g., television (*la televisión*), magazines (*las revistas*), and newspapers (*los periódicos*). Consider the following questions:

1. ¿Cuál de estos cuatro medios es el más importante en su vida personal?
2. ¿Por qué prefiere Ud. este medio? ¿Por qué es más importante para Ud. que los otros?

3. ¿Qué tipo de cosas aprende?
4. ¿Cuáles son algunas de las ventajas (*advantages*) de este medio? ¿Cuáles son las desventajas?
5. ¿En qué es aplicable a su vida personal la información que Ud. aprende así?

You can answer these questions by completing the following paragraph. Share your preferences with your classmates.

Yo aprendo más de .... Prefiero este medio porque .... Con este medio de comunicación, yo aprendo .... Algunas ventajas/desventajas son .... La información que adquiero es aplicable a mi vida en que ....

E. La educación—lo ideal

La revolución sin violencia describes one educational program in rural Colombia. There are many different philosophies of education and approaches to it. What is the ideal educational system? Do students and teachers agree? Use the following questionnaire to indicate your opinions and those of educators.

Primer paso: En el cuestionario que sigue, Ud. va a encontrar una serie de comentarios. Indique para cada uno:
a. si Ud. está de acuerdo
b. cómo cree que van a reaccionar los profesores

Segundo paso: Léales los comentarios a algunos profesores. Compare las respuestas que dan los profesores con las respuestas de Ud.

¿Sobre qué comentarios están de acuerdo los profesores y Ud.? ¿Sobre qué comentarios no están de acuerdo?

Tercer paso: Ahora compare las respuestas de los profesores con las respuestas que Ud. pensó que ellos iban a dar. ¿Conoce Ud. bien la filosofía de sus profesores?

CUESTIONARIO						
	Opiniones					
	Las mías				Las de los profesores	
	Para mí		Para los profesores			
Comentarios	Sí	No	Sí	No	Sí	No
1. La educación es lo que uno aprende en la escuela.						
2. La educación es lo que uno aprende durante toda la vida.						
3. Los maestros tienen la responsabilidad de enseñar al individuo a ser buen ciudadano (*citizen*).						
4. Las escuelas (las universidades) deben entrenar al individuo para hacer un trabajo específico y práctico.						
5. Las escuelas deben ayudar al individuo a conocerse a sí mismo y a gozar de la vida.						
6. Es más importante aprender datos (*facts*) que aprender a pensar.						
7. Es importante tener ciertos cursos obligatorios para todos los estudiantes.						
8. Las escuelas y las universidades deben eliminar muchas de sus regulaciones.						
9. El respeto mutuo entre estudiantes y profesores es más importante que la disciplina.						
10. Se aprende mejor en clases formales que en conversaciones informales.						

DÍGAME

Además del programa Acción Cultural Popular, ¿qué sabe Ud. del sistema educativo en Colombia, o en otras repúblicas latinoamericanas? ¿Sabe algo sobre la vida del estudiante típico? Para aprender más, lea el comentario que sigue. Luego responda a las preguntas.

En Colombia, como en otras muchas repúblicas latinoamericanas, los programas educativos están divididos en varias partes, algunas obligatorias y otras opcionales. En casi todos los países hay un período de escuela primaria de unos cinco o seis años; en Colombia, son cinco. Luego, los que piensan continuar sus estudios en la universidad más tarde, pasan seis años de estudio en una escuela secundaria para ganar el título de bachiller. Con este título pueden solicitar entrada en la universidad, donde la carrera típica dura cuatro años. Los programas profesionales, como la medicina y el derecho (*law*), duran unos seis o siete años.

El alumno que no piensa ser estudiante universitario tiene otras dos posibilidades dentro del sistema educativo de Colombia. Si quiere ser maestro, sale del cuarto año y va a estudiar dos años en una escuela normal. Si no quiere ser maestro, puede pasar estos dos años haciendo una carrera intermedia, como secretariado, contabilidad (*accounting*), técnicas agrícolas o trabajos mecánicos.

El estudiante universitario latinamericano goza, por lo general, de muchísima libertad personal durante el año escolar. Nadie lo obliga a asistir a las clases, y hay pocas tareas y exámenes antes del examen final. A causa de esta libertad, y en la tradición latinoamericana, el estudiante muchas veces dedica tiempo a la actividad política. Muy consciente de la distribución desigual de la riqueza, y de la injusticia social, el estudiante hace proyecto especial de esta actividad . . . y a veces se asocia con movimientos revolucionarios, movimientos no siempre sin violencia. Sin embargo, sabe que su carrera futura depende de su éxito en la universidad, y sabe que a la hora de los exámenes finales tiene que estar bien preparado.

1. Haga Ud. una comparación entre los sistemas de educación pre-universitaria en Latinoamérica y en los Estados Unidos:
   —¿En qué son similares?
   —¿En qué son diferentes?
   —¿Cuáles son las ventajas y desventajas de cada sistema?
2. Considere Ud. estas preguntas con respecto a la vida del estudiante universitario:
   —¿En qué son similares los estudiantes latinoamericanos y norteamericanos?
   —¿En qué son diferentes?

¿Comer o no comer?

Guía para la lectura

One way to make your reading less difficult is to be flexible in dealing with prepositions. Spanish and English prepositions do not always match very well, and the "dictionary meaning" of the prepositions may not fit the context of a given situation. For example, *de* does not always mean "of" or "from."

Therefore, a good strategy is to keep reading and let the context determine the meaning for you.

Using this strategy, try to guess what the italicized prepositions mean in the following sentences.

1. El español come con frecuencia; su horario consiste *en* cuatro o cinco comidas diarias.
2. Hoy día, mucha gente se preocupa *por* la línea.
3. Ofelia se casó *con* un hombre a quien le encanta la comida abundante y rica.
4. Tú siempre estás pensando *en* el estómago, ¿verdad?
5. Lo que pedimos en este restaurante depende *de* los precios en el menú.
6. Mi hermano sirve *de* camarero para pagar los gastos de su educación.
7. Muchos españoles se interesan *por* la comida más que por la línea.

Existen en todas las naciones de nuestro mundo los siete pecados capitales.°[1] En cada cultura, sin embargo, toman formas diferentes. Un observador de varias formas de estos siete pecados es Fernando Díaz-Plaja, un español que conoce muy bien la vida diaria de los
5 Estados Unidos y de España. Díaz-Plaja conoce nuestro país como profesor universitario y también como turista. Como resultado de sus observaciones sobre los Estados Unidos, ha escrito° un libro, *Los siete pecados capitales en los Estados Unidos*. En este libro, analiza los siete pecados y las formas particulares que tienen en la cultura
10 norteamericana. En otro libro, *El español y los siete pecados capitales*, Díaz-Plaja comenta los pecados de su país nativo. Sus interpretaciones culturales de los dos países se presentan de una manera muy personal y satírica.

Se ofrecen aquí algunos fragmentos de estos dos libros. Tienen
15 como tema° la gula,°[1] es decir, la falta de moderación en la comida o en la bebida.

La gula en los Estados Unidos

Los americanos quieren ser muy lógicos en su vida diaria pero no son lógicos a la hora de la comida. Toman un desayuno fuerte porque es su costumbre; un al-
20 muerzo ligero,° porque es conveniente; y cenan fuerte porque tienen un hambre canina.°[2] Eso es natural después de ocho horas de trabajo, y luego, media hora o más de lucha° con el tráfico para llegar a casa. La cena es a eso de° las seis. La conversación con la familia y los programas de televisión no les permiten acostarse hasta las once de
25 la noche. Todavía tienen que esperar hasta las siete de la mañana para el desayuno. Pasan más de doce horas de estar ayunos.° Por eso, el americano se levanta por la noche, va al *frigidaire* y busca algo dulce° o se hace un bocadillo.°

pecados... deadly sins

ha... has written

theme/gluttony

light
hambre... canine hunger
struggle
a... at about

estar... fasting

sweet/sandwich

¡Qué escándalo si el resto de la familia lo descubre! ¿Qué
30 remordimiento° en la persona que siente la tentación de comerse un
bocadillo o un dulce a medianoche! ¿Por qué este remordimiento?
Porque se rompe con una tradición importantísima en esta sociedad:
una obsesión de ser siempre jóvenes, delgados° y ágiles. Es la obsesión del régimen.° Hay la Asociación de *Weight Watchers* que ayuda
35 a los débiles° que están a punto de caer en la tentación. Los miembros
tienen un pacto mutuo:° una llamada telefónica resulta en el consejo
inmediato de resistir . . . de no comer. Esta asociación es el resultado
lógico de una costumbre ilógica de comida. Los deseos simultáneos
de comer y de estar delgado crean° en el americano una esquizofrenia
40 del estómago.

La gula en España   En los siglos pasados, los españoles sufrieron
de mucha hambre a causa de su situación histórica y económica.
Ahora, con sus posibilidades económicas, tienen más comida. En el
siglo XX los españoles se distinguen de los otros europeos por dos
45 cosas: por lo que comen y por la hora en que comen. Hoy, hay una
preocupación por la línea,° preocupación que no existía antes; sin
embargo, los españoles continúan devorando más que la mayoría° de
los habitantes del globo.

remorse

thin
diet
los . . . the weak
ones
pacto . . . mutual
agreement (*lit.*,
pacto = pact)
create

figure
majority

El español come con frecuencia y come cantidades enormes. Su
⁵⁰ horario° de comida comienza por la mañana con un desayuno ligero   schedule
y termina muy tarde de la noche con la cena. Generalmente, el horario
consiste en:

el desayuno	7:30–8:30
el almuerzo	11:00–12:00
⁵⁵ la comida	2:00–3:00
la merienda	6:00–7:00
la cena	10:00–11:00

Aun cuando el español va a un bar³ para la merienda—que se considera una comida ligera—las cositas que come son suficientes para
⁶⁰ el almuerzo de los más ricos del mundo, los norteamericanos. Estoy
seguro de que no se va a creer esto en mi país porque el español
piensa que su país es pobre. Por eso, cree que en otros países del
mundo la comida tiene que ser más abundante y rica. Por otra parte,°   **Por**...On the
el español, que tiene orgullo de° tantas cosas, es modestísimo cuando   other hand
⁶⁵ se refiere a la cantidad que come. En un restaurante español se oye   **tiene**...is
con frecuencia el siguiente diálogo entre amigos: proud of (*lit.*,
    —No como casi nada . . .   **orgullo** = pride)
    —Pero veo lo que pides. Sopa . . .
    —Sólo un poquito . . .
⁷⁰   —Pescado . . .
    —Unas sardinas pequeñitas, pequeñitas . . .
    —Carne . . .
    —Un filetito,° nada más . . .   **Un**...Just a
    —Ensalada . . .   little filet
⁷⁵   —Eso no cuenta . . .

—Queso[4] . . .

¡Hay que tomar algo de postre . . . !

Cuando vuelvo a mi país y voy a comer con amigos, siempre pido menos que mis compañeros. Esto les sorprende. «¿Estás enfermo?», me preguntan cuando sólo quiero una chuleta con verduras,° ensalada y fruta . . . «No comes nada. ¿Qué te pasa?»

      chuleta . . .
      chop (of meat)
      with green
      vegetables

Adaptación de *Los siete pecados capitales en los Estados Unidos* y *El español y los siete pecados capitales* de Fernando Díaz-Plaja (Madrid)

Notas lingüísticas y culturales

1. *Los siete pecados*, the seven deadly sins, are traditionally listed as: *la soberbia* (pride), *la avaricia* (covetousness), *la lujuria* (lust), *la ira* (anger), *la gula* (gluttony), *la envidia* (envy), and *la pereza* (idleness). The concept of deadly sins originated early in the Christian era and these seven were grouped together as early as the sixth century. A sin was classified as "deadly" not merely because it was a moral offense but also because it gave rise to other, more serious sins.

2. When Spanish speakers need to refer to the three meals common in the United States, they sometimes say, *el desayuno, el almuerzo,* and *la cena.* These words, however, have different meanings in Spain.

   El desayuno is a relatively large meal for many people in the United States. In Spain, it tends to be light, consisting of a hot drink and some type of bread or pastry.

   El almuerzo is the word used for the North American noontime meal. In Spain, however, it is a mid-morning snack, which may consist of a slice of *tortilla* (a potato and egg omelette) or a *bocadillo* (a sandwich made with a small loaf of French-type bread).

   La comida is the largest meal of the day in Spain. Eaten around two o'clock, it is usually served in three to five courses. The word *comida* may also mean "meal" or "food" in a general sense.

   La merienda is another light snack and is eaten around six p.m. It may consist of such things as yogurt, *tortillas*, fruit and cheese, or hot chocolate and *churros* (french-fried strips of dough with sugar).

   La cena is a late evening meal eaten around ten, usually consisting of at least two courses.

3. In Spain, *un bar* is as much a place for eating as for drinking.
4. Desserts in Spain tend to be less elaborate than in the United States. *Queso* (cheese) and fresh fruit are among the most common.

Actividades

A. ¿Comprende Ud.?

Primera parte: Basando su decisión en la lectura, decida si las siguientes frases son verdaderas o falsas. Si Ud. cree que una frase es falsa, corríjala para hacerla verdadera.

1. Fernando Díaz-Plaja escribió libros objetivos y serios sobre las actitudes hacia la comida en varios países.
2. Cuando una persona come o bebe demasiado, el pecado que comete es la gula.
3. La lógica de los americanos se nota especialmente en su horario de comidas.
4. Si el americano no se levanta de noche para comer algo, pasa más de doce horas de estar ayuno.
5. El desayuno de los americanos es ligero.
6. Los españoles cenan a la misma hora que los americanos.
7. En España, la comida principal es el almuerzo.
8. El español cree que come muy poco.

Segunda parte: Desde el punto de vista satírico de Díaz-Plaja, ¿quién podría decir cada una de las siguientes frases, un español o un norteamericano?

1. La obesidad es el enemigo mayor de la salud.
2. Se come muy poco en mi país porque somos muy pobres.
3. Hay que comer mucho por la mañana.
4. Tomo bebidas dietéticas porque quiero ser más delgado.
5. Sólo comí cuatro veces ayer y casi me muero de hambre.

B. Estudio de palabras

Antes de hacer las actividades en esta sección, estudie Ud. las siguientes palabras. Todas aparecen en la lectura.

Adjetivos		**delgado** *thin*
dulce *sweet*		**débil** *weak*

Sustantivos

el almuerzo *mid-morning snack; lunch*
el bocadillo *sandwich*
la carne *meat*
la cena *dinner, supper*
la comida *meal; food (in general); large meal at 2:00– 3:00*

el desayuno *breakfast*
la ensalada *salad*
la merienda *mid-afternoon snack*
el pescado *fish*
el postre *dessert*
el régimen *diet*
la sopa *soup*

1. **¿Qué palabras de la lista de vocabulario corresponden a estas definiciones?**

   a. la comida que viene del mar
   b. la primera comida del día
   c. un plato de legumbres (*vegetables*) o frutas que se come con frecuencia cuando uno está a régimen
   d. la última comida del día
   e. la comida ligera que se come por la tarde en España
   f. un plato líquido que va bien con los sándwiches

2. **Haga Ud. la correspondencia apropiada entre las palabras de la Columna A y las palabras asociadas de la Columna B.**

   A
   a. delgado
   b. dulce
   c. el bocadillo
   d. la carne

   B
   1. el postre
   2. el almuerzo
   3. la vaca
   4. el régimen

3. **Conteste las siguientes preguntas personales.**

   a. ¿Cuándo se siente Ud. débil?, ¿ágil? ¿Qué hace Ud. en estas circunstancias?
   b. ¿Cuál es la comida del día que más/menos le gusta a Ud.? ¿Come todas las comidas? ¿Por qué sí o por qué no?

C. En un restaurante español

Trabajando con un grupo de compañeros de clase, imagínese que Ud. está en un restaurante español. Un estudiante es camarero y los otros son los clientes. Éstos van a pedir una comida comentando, tal vez, la calidad y el precio de la comida, el servicio, la calidad del restaurante, etc. En la página siguiente hay algunas frases útiles que Uds. pueden usar si quieren.

Cliente	**Customer**
Una mesa para dos, por favor.	A table for two, please.
Me trae _____ , por favor.	Would you bring me _____ , please?
¿Hay _____ ?	Is there any _____ ?
Quisiera _____ .	I would like _____ .
Nada más, gracias.	Nothing else, thank you.
Esto cuesta demasiado.	This costs too much.
_____ está frío(a).	_____ is cold .
¿Qué le debo?	How much (what) do I owe you?
¿Qué le damos de propina?	How much (what) should we give him (her) as a tip?

Camarero(a)	**Waiter**
Sí, señor. Pasen Uds., señores.	Yes, sir. Right this way.
¿Qué desea Ud.?	What would you like?
¿y para beber?	and to drink?
¿y de postre?	and for dessert?
¿Desea Ud. más café?	Would you like more coffee?
¿Hay algo más, señor?	Will there be anything else, sir?
Lo siento mucho. Le traigo otro(a) _____ .	I'm very sorry. I'll bring you another _____ .

Restaurante	**Casa Cervantes**	❙❙❙❙	Carta
Calle Mayor, 3	Teléf. 2–30–40–15		

PRIMER GRUPO	Precio	TERCER GRUPO	Precio
First Group	Price	Third Group	Price
Consomé		Filete de ternera	
Consommé	120,00	Filet of veal	420,00
Sopa de pescado		Cordero asado	
Fish soup	175,00	Roast lamb	520,00
Entremeses variados		Chuleta de cerdo	
Assorted appetizers	190,00	Pork chop	490,00
		Lomo de cerdo	
SEGUNDO GRUPO		Pork loin	320,00
Second Group		Pollo asado	
		Roast chicken	270,00
Tortilla española		Solomillo con champiñón	
Spanish potato omelette	150,00	Steak with mushrooms	590,00
Judías verdes		Paella (para dos personas)	
Green beans	150,00	Paella (for two people)	810,00
Guisantes con jamón			
Peas with ham	150,00	CUARTO GRUPO	
Coles de Bruselas		Fourth Group	
Brussels sprouts	180,00		
Espárragos con mayonesa		Fruta	
Asparagus with mayonnaise	300,00	Fruit	110,00
Trucha		Queso	
Trout	300,00	Cheese	140,00
Langostinos con mayonesa		Flan	
Crayfish with mayonnaise	560,00	Custard	110,00
*		*	
Botella de vino de la casa		Pan	
Bottle of house wine	90,00	Bread	25,00
Botella de cerveza		Café solo	
Bottle of beer	50,00	Black coffee	70,00
Botella de agua mineral		Café con leche	
Bottle of mineral water	85,00	Coffee with milk	90,00
		Servicios incluidos	

(Note: Because of the growth of tourism in Spain, the Spanish National Government established a system for rating the quality of restaurants. In this system, the forks printed on the menu reflect the quality and price of the food. Four forks indicate the most highly rated restaurants. See note 2 on page 150 regarding the conversion of *pesetas* to dollars.)

D. Una invitación

Primera parte: Imagínese que Ud. es un(a) español(a) que está haciendo planes para una ocasión social, como por ejemplo, una fiesta de Año Nuevo, de día del santo, de aniversario de matrimonio, o simplemente una cena. Para esta fiesta, decida qué tipo de comida va a servir (véase la carta en la Actividad C) y escriba una invitación, empleando el siguiente modelo.

LA SEÑORITA LUISA CARDONA Y RAQUEJO
tiene el gusto de invitarle a usted
a una fiesta
en honor de su amigo
DON CARLOS SÁNCHEZ Y MONTEMAYOR

viernes, 11 de mayo
Calle Sevilla, 37
Teléf. 9-38-49-65

R.S.V.P.

Segunda parte: Después de planear el menú y preparar la invitación, déle la invitación a un(a) compañero(a) de clase. Esta persona puede aceptar, puede darle a Ud. una excusa, explicando por qué va o no va a asistir, o puede estar indeciso(a). A pesar de (*In spite of*) la respuesta, Uds. dos van a querer hablar de los detalles de la fiesta: comida, ropa, diversiones, otra gente que va a asistir, etc.

E. Un día en la vida de Alfonso Mantero

La siguiente narración le dará a Ud. algunas ideas sobre cómo dividen los españoles su día típico. Observe Ud. hasta qué punto el horario de esta persona se relaciona con las comidas. Luego, discuta las preguntas que siguen.

Alfonso Mantero es un estudiante de veintidós años que está estudiando arquitectura en el Instituto Politécnico Superior de Madrid. Esta mañana se levantó temprano para una clase a las nueve. Después de desayunar, cogió su bocadillo para el almuerzo y se fue a tomar el autobús. Pasó toda la mañana en clase y a la una tomó el autobús de nuevo para ir a casa. Hoy tuvo prisa porque tenía que pasar por el banco y la farmacia que se cierran a la una y media. Llegó al banco a tiempo, pero la farmacia ya estaba cerrada. Era la hora de la comida. Al llegar a casa, toda la familia ya estaba esperándolo.

A eso de las cuatro y media, Alfonso salió de casa para ir a su trabajo en una oficina de arquitectura. En el camino, se paró en la farmacia que ya estaba abierta. A las ocho, cuando se cerró la oficina, Alfonso y unos compañeros salieron a pasear y a tomar unos vinos en el centro. Cuando Alfonso miró su reloj a las diez menos cuarto, se fue inmediatamente a casa porque a su madre le gusta cenar a las diez en punto. Otra vez, todos lo esperaban.

A las once, Alfonso dejó a la familia porque iba a reunirse con los amigos para ir al cine.

1. ¿Cómo están relacionadas las actividades de Alfonso con el horario de comida?
2. ¿Qué hace Ud. durante un día típico? Prepare una descripción breve de sus actividades y las horas en que las hace. Luego, compare su horario con el de Alfonso Mantero. ¿En qué son similares? ¿En qué son diferentes?
3. Todos los miembros de la familia de Alfonso van a casa a la hora de comer. Es una hora para la intimidad familiar. ¿Es así en la familia de Ud.? ¿Qué importancia tienen las comidas para su familia?

DÍGAME

1. Un español va a visitar a la familia de Ud. durante una semana. Para enseñarle nuestras costumbres respecto a la comida:
   —¿A qué restaurante lo va a llevar Ud.?
   —¿Qué le va a dar de comer y de beber en su propia casa?
2. Un amigo de Ud. va a España por primera vez. ¿Qué debe saber de las comidas españolas y de su relación con las costumbres de la vida diaria?
3. Díaz-Plaja usa mucho una clase de humor que se llama «sátira». Por lo general la intención de la sátira es hacer comentarios sociales. Una manera de hacer esto es por medio de la exageración. ¿Puede Ud. encontrar ejemplos en la lectura?
4. Ud. es norteamericano(a) y sabe cómo se vive aquí. En su opinión, ¿cómo exagera Díaz-Plaja en sus comentarios sobre la gula en los Estados Unidos? Busque Ud. palabras o frases específicas.
5. Díaz-Plaja también emplea la exageración cuando habla de la gula en España. Aunque Ud. no es español, probablemente puede encontrar algunos ejemplos de esta exageración. ¿Qué palabras o frases la indican?

El dios domesticado

Guía para la lectura

One of the obstacles to comprehension that an English-speaking person often encounters when reading Spanish is word order. In Spanish, unlike in English, the subject of the sentence very often follows its verb. Therefore, the reader must continue reading to discover what or who is performing the action of the sentence. Moreover, if the subject has recently been mentioned it will not necessarily be repeated or replaced by a subject pronoun. Instead, the verb ending will indicate the subject. Also remember that the subject pronoun "it" is rarely expressed in Spanish: It is true that ..., *Es verdad que*....

As you read the following sentences indicate the subject of each of the italicized verbs.

1. Cuando *llegaron* a su casa, los dos chicos *entraron* sin hacer ruido.
2. Los aztecas *adoptaron* de muchas de las tribus que *conquistaron* varios de sus dioses, pero central en su mitología *fue* la adoración del Sol.
3. *Es* verdad que me lo *dieron* mis padres.
4. No me *gusta* ese coche; *es* demasiado viejo.
5. *Fue* tan fuerte esta creencia que únicamente *podían* pronunciar el nombre de la deidad los miembros de la familia real.

Aquel enorme globo de gas que está a unos 149.000.000 kilómetros de la Tierra y que tiene un volumen que es 1.300.000 veces mayor que el volumen de nuestro planeta fue, es y será para el hombre una fuente° de vida. Claro está que nos referimos al Sol, aquella fuerza°   source/force
5   natural que adoramos en las playas de verano y cuya energía quere-   capture/
mos captar° para aliviar° algunos de nuestros problemas de energía   capture/alleviate
aquí en la Tierra.

La importancia del Sol para el hombre nunca ha sido discutida,°   ha ... has been debated
pues desde los tiempos más remotos el ser humano se ha dado cuenta°   se ... has realized
10   del gran poder del Sol. En las culturas antiguas de todas partes del
mundo, especialmente las culturas agrícolas, el Sol figuraba central-
mente en la mitología. Y así fue el caso también en las tres grandes
civilizaciones americanas de la época precolombina:° la azteca, la   pre-Columbian
maya y la incaica.[1]
15   Los aztecas adoptaron de muchas de las tribus que conquistaron
varios de sus dioses, pero central en su mitología fue la adoración°   worship
del Sol. Basándose en un mito que decía que ya habían existido°   habían ... had existed
cuatro Soles que fueron destruidos, los aztecas se dedicaban a aliarse°   ally themselves
con el «quinto Sol»—el que ahora existe—para protegerlo de la des-
20   trucción. Por esta razón, hacían sacrificios al Sol para rendirle   rendirle ... to pay homage to
homaje° y al mismo tiempo para demostrar su fe en el bien,° idea   it/goodness
que el Sol representaba.

Para los mayas de Yucatán uno de los dioses más importantes fue
Hunab Ku o Kinebahan, quien representaba la boca y los ojos del Sol.
25   Este dios era casado con Ixazaluoh, el agua, y tenía un hijo, Itzamna,
el cual era una influencia civilizadora. Este hijo inventó el dibujo° y   drawing
las letras y también cuidaba de° la fertilidad de la Tierra. De esta   cuidaba ... looked after
manera, esta familia de dioses era responsable por la buena agricul-
tura de los mayas. Hay variaciones de estos mitos en las ramas° cen-   branches
30   troamericanas de la civilización maya.

De las tres grandes civilizaciones americanas, la que más intensa-
mente adoraba al Sol fue la incaica. En realidad, los incas, los miembros de la familia real,° se consideraban «hijos del Sol» y creían que   royal
eran descendientes directos de Inti, el dios Sol. Era tan fuerte esta
35 creencia que únicamente podían pronunciar el nombre de la deidad°   deity
los miembros de la familia real. Además, construyeron templos al Sol
y había jóvenes—las «Vírgenes del Sol»—cuya única función era cuidar de estos lugares sagrados.°   sacred
   Aunque hoy día nosotros no adoramos al Sol de la misma manera
40 que lo hicieron los grupos amerindios,° le rendimos homenaje cuando   American
nos levantamos por la mañana, cuando sembramos° los jardines,   Indian
cuando compramos plantas para la casa y, también, cuando nos   sow, plant
echamos° en la playa. Sus rayos nos acarician° y nos dejan saber que   we stretch out,
estamos vivos.   lie down/caress

Notas lingüísticas y culturales

1. The three great civilizations that existed in the New World prior
   to Columbus' voyages of discovery were the Aztec, the Mayan, and
   the Incan. The Aztecs inhabited primarily what is now Mexico
   City and its environs; the Mayas, the Yucatan and the northern
   areas of Central America. The Incas, with their center of activity
   in Peru, developed a vast empire that stretched from what is now
   the southern part of Colombia to the northern reaches of Chile and

Argentina. Far from being primitive, these three agricultural societies had developed into advanced civilizations by the time the Spanish conquerors arrived in the early sixteenth century, The Aztecs and the Mayas had made great advancements in art, architecture, and astronomy. Their sun calendars, for example, were almost as accurate for measuring time as are our calendars today. The Incas demonstrated great architectural and engineering ability in their construction of city walls and temples made of gigantic stones. They also developed a communal political system whose base is still intact in Indian communities throughout Peru. Many remnants of these three great American civilizations of the past are still being uncovered by anthropologists and archaeologists.

Actividades

A. ¿Comprende Ud.?

Basándose en la lectura, decida si las siguientes frases son verdaderas o falsas. Si Ud. cree que una frase es falsa, explique por qué lo es.

1. La Tierra es tres veces mayor que el Sol.
2. Los seres humanos toman el sol en la playa para obtener energía.
3. Los hombres de todas las épocas han entendido la importancia del Sol.
4. Algunos dioses de las tribus conquistadas entraron en la mitología de los aztecas.
5. Los aztecas creían que el Sol era una manifestación del bien.
6. El hijo del dios Sol maya no fue muy inteligente.
7. Todos los grupos mayas tenían las mismas creencias.
8. Los incas creían que su padre era el Sol.
9. En la cultura incaica, las Vírgenes del Sol eran las únicas personas que podían decir el nombre «Inti.»
10. Los hombres modernos no adoran al Sol.

B. Estudio de palabras

Antes de hacer las actividades de esta sección, estudie Ud. las siguientes palabras. Todas aparecen en la lectura.

Verbos

adorar *to worship*
captar *to capture*
conquistar *to conquer*

proteger *to protect*
referirse (ie,i) (a) *to refer (to)*

Sustantivos

la creencia *belief*
el dibujo *drawing*
la fuente *source*
la fuerza *power, strength*

el planeta *planet*
la playa *beach*
el poder *power*
el ser humano *human being*
la Tierra *Earth*

1. Haga Ud. la correspondencia apropriada entre las palabras de la Columna A y las de la Columna B.

A
a. la Tierra
b. el ser humano
c. el poder
d. la creencia
e. la playa
f. el dibujo
g. la fuente

B
1. el hombre o la mujer
2. la opinión
3. el océano
4. el planeta
5. la fuerza
6. la pintura
7. el origen

2. Complete Ud. estas frases con verbos de la lista a la izquierda.

proteger
conquista-
   ron
adora
se refería
captar

a. ¿A qué _____ Ud. cuando dijo que ella estaba diciéndonos una mentira?
b. Los españoles _____ a los aztecas en el siglo XVI.
c. Necesitamos _____ la energía del Sol para usarla en el futuro.
d. Es evidente que él _____ a su esposa.
e. Debemos _____ nuestros intereses si queremos tener éxito.

3. Complete Ud. las siguientes frases de una manera original.

a. Es difícil/fácil ser un ser humano porque . . . .
b. Cuando voy a la playa me gusta . . . .
c. Es importante captar la energía del Sol porque . . . .
d. Nuestro planeta es . . . .
e. Yo adoro . . . .

C. La conservación de la energía

Primera parte: Se habla mucho hoy día de la necesidad de conservar nuestros recursos naturales y de no usar tanta energía en nuestra vida diaria. Considere Ud. las actividades abajo.

1. Califíquelas (*Rate them*) en una escala de 0 a 5 según su efectividad para reducir el consumo de energía (5 = más efectivo).
2. Califíquelas también según su inconveniencia para Ud. (5 = más inconveniente).

1   2

a. apagar la luz cuando uno no está en el cuarto

b. bajar la calefacción y ponerse más ropa

c. bañarse con agua fría en vez de con agua caliente

d. formar *car pools*

e. caminar o ir en bicicleta en vez de usar el coche

f. comprar un coche muy pequeño

g. lavar los platos a mano

h. acostarse y levantarse más temprano

i. no usar afeitadora eléctrica

j. no usar secadora de pelo eléctrica

Segunda parte: Vamos a suponer que Ud. y sus compañeros de clase tienen la oportunidad de planear un programa nacional para conservar la energía. ¿Cuáles de las actividades mencionadas en la «Primera parte» recomendarían Uds.? Las siguientes preguntas pueden ayudarles a tomar su decisión.

1. ¿Cuáles son las actividades más urgentes y prácticas que Uds. pueden recomendar en su plan?

2. ¿Por qué piensan Uds. que son las más urgentes?, ¿las más prácticas?

D. Volvemos a la naturaleza

Hoy día muchas personas están expresando un deseo de «volver a la naturaleza» y de deshacerse de (*get rid of*) muchas de las conveniencias modernas. Si Ud. decide hacerlo y puede tener sólo una conveniencia, ¿cuál será? Reúnase con algunos compañeros de clase y lleguen Uds. a un acuerdo sobre esa conveniencia.

un radio	una estufa (*stove*)	un lavaplatos
un televisor	un tocadiscos	automático
una luz eléctrica	un baño de agua	un automóvil
una refrigeradora	caliente	una afeitadora
	una secadora de	eléctrica
	pelo	¿———————?
	una lavadora de	
	ropa	

E. La opinión de un marciano

Los que se interesan por la protección de la naturaleza insisten en que los hombres no demuestran mucha inteligencia ni lógica en nuestro trato (*treatment*) con ella. El párrafo que sigue contiene los fragmentos de un informe (*report*) que escribió un marciano (*Martian*) sobre esta falta de inteligencia. ¿Qué estará diciendo (*might he be saying*)?

«No comprendo a los habitantes de este planeta. Ellos saben que todos viven en un pequeño globo, pero . . . . Aunque los seres humanos necesitan respirar aire puro para vivir, ellos . . . . También necesitan agua pura, pero . . . . Si ellos quieren continuar con su vida en la tierra, deben . . . . Si no lo hacen, es seguro que van a . . . . »

DÍGAME

1. En la lectura se habla de la importancia que tenía el Sol para las civilizaciones precolombinas y se implica que el hombre moderno ya no le da tanta importancia. ¿Qué piensa Ud.?
   a. Imagínese que una persona de esas civilizaciones viene a visitarlo a Ud. ¿Qué aspectos de la civilización moderna le van a sorprender más? ¿Por qué?
   b. Trate Ud. de pensar como esa persona. ¿Qué aspectos de la civilización moderna le van a gustar más? ¿Por qué?

2. Al hombre moderno le gusta mucho la rutina—depende mucho de los relojes, los calendarios y los horarios para organizar su vida. Y claro está que todo esto se basa en los movimientos del Sol. Considere Ud. como la rutina afecta su vida diaria.
   a. ¿Cómo pasa Ud. un día típico? Escriba sus actividades en el horario que sigue.

   8:00 _____
   9:00 _____
   10:00 _____
   11:00 _____
   12:00 _____
   1:00 _____
   2:00 _____
   3:00 _____
   4:00 _____
   5:00 _____
   6:00 _____
   7:00 _____
   8:00 _____
   9:00 _____
   10:00 _____
   11:00 _____

   b. ¿Cuáles de estas actividades son rutinarias? Es decir, ¿cuáles hace Ud. casi todos los días a la misma hora? De estas actividades, ¿cuáles son obligatorias? ¿Cuáles puede cambiar?
   c. ¿Cree Ud. que es bueno o malo tener una rutina establecida? ¿Por qué?

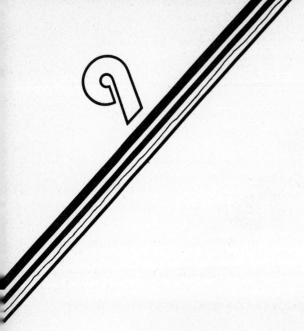

Cuídate° ahora para envejecer° con gracia después

° Take care of yourself/to grow old

Guía para la lectura

Although it is usually not necessary to analyze every word you read, some words are extremely important. If no subject is mentioned in a sentence, it is the verb ending that tells us who performs the action, as well as whether the action is in the present, past, or future. Similarly, "little words"—specifically object pronouns—are important because they tell us who or what was acted upon, or to whom or for whom something was done. For example: *Nos ayudaron,* "They helped us." Not paying attention to these details can lead to a misunderstanding of what actually happened.

Read the incomplete passage below, paying particular attention to the italicized words. Then, answer the questions that follow to find out if you have accurately read the passage.

> . . . y Manuel corría detrás de los ladrones (*thieves*) que *lo* observaban. Cuando *se* unió a *ellos,* se *le* cayó la pistola. En ese mismo instante, uno de los ladrones se apoderó de *ella,* y *se la* mostró a los otros. . . .

1. What does *lo* mean? To whom does it refer?
2. To whom does *se* refer?
3. What does *ellos* mean?
4. To whom does *le* refer?
5. What does *ella* mean? To what does it refer?
6. What does *se* mean? To whom does it refer?
7. What does *la* mean? To what does it refer?

Envejecer es la ley de esta vida. Avejentarse,° no necesariamente. Aunque no aspiramos a ser eternos, la posibilidad de aumentar el promedio° de vida en 20 ó 40 años es cada vez más factible.°

To grow old before one's time/average **cada . . .** more and more feasible

«Estoy oxidado»,° decimos para explicar nuestro deterioro momen-
5 táneo o definitivo. Y esta frase, como muchas otras semejantes, expresa una gran verdad. Al menos así lo demuestran los más recientes experimentos realizados en la Universidad de Nebraska. Con la administración rutinaria de dos tipos de antioxidantes° (uno de ellos la vitamina E) o de una sustancia de ésas que se emplean para conservar
10 el pan y las comidas de lata,° se ha duplicado° la vida de las ratas. Y no sólo la vida de las ratas tratadas,° sino también la de toda su progenie.° No obstante, se va a necesitar unos 20 años para poner en el mercado una píldora antioxidante efectiva. Mientras tanto, existe otro sistema de prolongar la vida. Es el sistema relacionado con la
15 alimentación° y las calorías. Ya se ha probado° que las ratas con una alimentación nutritiva pero deliberadamente limitada viven casi el doble más que las otras. Y, lo que es más, llegan a viejas sin signos aparentes de deterioro. Así que una dieta frugal y baja en calorías es, pues, la solución adecuada por ahora.

out of shape

energy pills

de . . . canned/ **se . . .** has been doubled treated/offspring

diet/**Ya . . .** It has already been proved

20   Mantener el peso° es, sin embargo, un problema para muchos de   weight
nosotros. Y un problema serio. Por fortuna, hoy estamos aprendiendo
a cuidarnos mejor, no sólo a través de° dietas sino también por medio   a . . . by means
de ejercicios apropiados. En estos días, hay mucho interés en man-   of
tener una línea° agradable y un buen estado de todo nuestro orga-   figure
25 nismo. Y para hacer esto con éxito, debemos descubrir cuál es nuestro
peso ideal. Pero primero, aclaremos que por peso ideal no entende-
mos aquí el peso medio° que se utiliza en muchas estadísticas. Ha-   average
blamos de un peso ideal que varía de acuerdo con la constitución de
las personas. Por ejemplo, el peso ideal de un hombre de constitución
30 atlética es superior al de° un individuo menos fuerte. Mírese usted   al . . . to that of
en el espejo; decida su propia constitución y, de acuerdo con la es-
tatura y la edad, vea en el cuadro° siguiente cuál es su peso ideal. Y   chart
si se encuentra con una sorpresa poco agradable, no se desanime.°   no . . . don't
Empiece o continúe la lucha hasta llegar a esa línea ideal. Luego   become
35 pésese con frecuencia y controle siempre su peso mediante una ali-   disheartened
mentación apropiada y el ejercicio práctico. Haciendo esto, Ud. está
dando el primer paso hacia el envejecimiento con gracia y está evi-   evitando . . .
tando el sentirse oxidado° que puede ocurrir a cualquier edad.   avoiding the
     burned-out
     feeling

SU PESO IDEAL								
Edad		20—29		30—30		40—50		Más de 50
Complexión		Pequeña Robusta		Pequeña Robusta		Pequeña Robusta		Pequeña Robusta
Talla		Peso*		Peso*		Peso*		Peso*
Metros	Pies							
1,55	5'1"	52	60	54	62	55	64	56	65
1,58	5'2"	53	61	55	63	56	65	57	66
1,61	5'3½"	54	62	57	65	58	68	60	70
1,64	5'5"	56	65	59	68	60	69	62	71
1,67	5'6"	58	67	61	71	62	72	64	73
1,70	5'7"	61	69	64	74	64	75	65	76
1,73	5'8"	63	71	65	76	66	77	68	79
1,76	5'9"	65	74	67	79	68	80	70	81
1,79	5'10½"	67	76	68	81	70	81	72	84
1,82	6'0"	68	78	69	83	72	84	75	86
1,85	6'1"	71	80	72	85	75	87	78	89
1,88	6'2"	74	83	75	88	77	89	80	91
1,91	6'3"	77	86	79	91	80	93	82	94

* Para convertir estos pesos en libras (*pounds*), multiplíquelos por 2,2.

Adaptación de un artículo de *Hombre de mundo* (Venezuela)

Actividades

A. ¿Comprende Ud.?

Basando su decisión en la lectura, decida si las siguientes frases son verdaderas o falsas. Si Ud. cree que una es falsa, corríjala para hacerla verdadera.

1. Todos nosotros deseamos envejecer para ver si somos eternos.
2. En los experimentos de la Universidad de Nebraska les dan a las ratas algunos productos químicos para prolongar la vida.
3. Existen píldoras excelentes para prolongar la vida humana por 20 ó 40 años.
4. Las ratas que comen bien pero que comen pocas calorías viven dos veces más que las otras ratas.
5. Hoy día estamos más conscientes del cuidado del cuerpo que en el pasado.
6. El peso ideal es el mismo para todas las personas de la misma edad.
7. Si uno desea envejecer con gracia, debe evitar el oxígeno.

B. Estudio de palabras

Antes de hacer las actividades en esta sección, estudie Ud. las siguientes palabras. Todas aparecen en la lectura.

Verbos

cuidar(se) *to take care of (oneself)*
demostrar (ue) *to demonstrate*
emplear *to use*
evitar *to avoid*
mantener (ie) *to maintain*

Expresiones

a través de *by means of, through*
estar de acuerdo con *to be in agreement with*

estar oxidado(a) *to be out of shape*
no obstante *however*

Sustantivos

el cuadro *chart*
la ley *law*
el peso *weight*

Adjetivos

semejante *similar*

1. Haga Ud. la correspondencia apropiada entre las palabras de la Columna A y los sinónimos de la Columna B.

   A
   a. utilizar
   b. similar
   c. sin embargo
   d. diagrama
   e. a través de

   B
   1. semejante
   2. por medio de
   3. no obstante
   4. cuadro
   5. emplear

2. Complete Ud. estas frases con las formas apropiadas de las palabras de la lista a la izquierda.

cuidar
mantener
evitar
demostrar
emplear

   a. Si uno hace muchos ejercicios físicos no es difícil _____ el peso apropiado.
   b. Hay que _____ las comidas ricas en calorías para perder peso.
   c. Los padres tienen la responsabilidad de _____ a sus hijos.
   d. Las investigaciones _____ que hay una correspondencia entre el ejercicio y la salud.

3. Complete las siguentes frases de una manera personal.

   a. La ley que más me molesta es . . . .
   b. Es importante cuidarse porque . . . .
   c. Si uno de mis amigos no está de acuerdo conmigo en algo . . . .
   d. Estoy «oxidado(a)» porque/cuando . . . .

C. Abusos a la salud

Aunque es verdad que hoy día hay más personas que están conscientes de la buena salud, hay una gran cantidad de gente que sigue abusando del cuerpo. ¿Cuáles son algunas de las cosas que hacemos y que nos hacen daño? Preparen una lista de las cinco cosas que, en su opinión, hacen más daño al cuerpo humano. Luego, pongan los abusos en orden del daño que causan (número 1 = el más dañoso).

D. Cuerpos sanos

Para mantener la buena salud, uno debe establecerse un programa práctico de ejercicios. Sin embargo, tal programa no es siempre fácil de establecer por una variedad de razones. Piense Ud. en este problema considerando las siguientes preguntas. Puede referirse a la lista de vocabulario abajo para algunas ideas.

1. ¿Cómo es un programa ideal para Ud.? ¿Qué actividades incluye?
2. ¿Qué obstáculos impiden la realización de este programa?
3. ¿Qué alternativas hay para ayudarle a vencer estos obstáculos?

trotar *(to jog)*	hacer el yoga	hacer un programa
correr	hacer ciclismo	de ejercicios
nadar	jugar al ráquetbol	

E. El envejecimiento

Como se ve en la lectura, «Envejecer es la ley de esta vida». Todos tenemos que pasar por el proceso de envejecimiento. Para algunos no hay problema— se envejecen con gracia. Para otros es un trauma. Desde su punto de vista, ¿qué observa Ud. sobre este fenómeno? Prepare una lista de sus observaciones de cosas que la gente hace, distribuyéndolas en dos categorías:

Envejecer con gracia **Envejecer sin gracia**

¿Cómo cree que va a reaccionar Ud. al envejecimiento? Considere lo que acaba de mencionar en sus listas de observaciones. ¿Cuáles de estas cosas cree que Ud. va a hacer? ¿Cuáles no va a hacer?

DÍGAME

1. Para la gente que quiere perder peso, a veces el seguir una dieta rigurosa requiere un sacrificio personal. ¿Qué otros sacrificios tenemos que hacer de vez en cuando para poder realizar una meta (goal) importante? Sea concreto.
2. Somos una sociedad que toma muchas pastillas en varias situaciones. A veces, sirven una función muy necesaria en la vida; otras veces, abusamos de ellas. ¿En qué circunstancias tendemos a tomar pastillas? ¿En cuáles de estas situaciones cree Ud. que las pastillas son necesarias? ¿En cuáles hay otros remedios además de tomar pastillas? Explique en detalle.

10

¿Valentía o locura?°

° Bravery or madness?

Guía para la lectura

The *Guía para la lectura* for Chapter 7—*¿Comer, o no comer?*, pages 65–66—stressed the importance of being flexible when you encounter prepositions in your reading. It is especially important to be aware of the many uses of the preposition *a*. After a verb of motion, it may mean *to* or *toward:*

Van al cine. In referring to the time of day, *a* expresses *at: Vuelvo a las seis.* It may also function as the personal *a* that marks the direct object: *Veo a Carlos.* Many verbs require the preposition *a* before an infinitive (*ir a, empezar a, atreverse a, invitar a, aprender a,* and so forth): *No me atrevo a hacer eso.* Finally, it may introduce an indirect object: *Le doy el dinero a Juana.* Careful: Although an indirect object usually expresses *to* or *for* whom, it may also express *from: Le compro el coche a Pablo.* Only context can determine the appropriate meaning in some sentences.

Certain English constructions may lead you to expect the preposition *a* where Spanish does not require it, as in the first two examples that follow:

Escuchamos la radio.	We are listening *to* the radio. (**escuchar** = to listen *to*)
Miran la televisión.	They are looking *at* T.V. (**mirar** = to look *at*)
but: La profesora escucha *a* los estudiantes.	The professor is listening to the students. (personal *a* introduces the direct object when a person)

Analyze the function and meaning (where necessary) of the preposition *a* in the following sentences.

1. No pude llegar a la barrera.
2. No voy a correr más.
3. ¿Notaste que tu condición era tan grave para llamar a un sacerdote (*priest*)?
4. Vamos a comprarle los libros a Rosa María.
5. Esto le da sabor (*flavor*) a la vida.
6. El niño empezó a llorar.
7. Volvieron a la derecha.

España. Pamplona. Julio. Las fiestas de San Fermín.[1] Música, alegría, vino ... y peligro. Todas las mañanas los toros que se van a lidiar° durante la tarde corren el kilómetro más largo del mundo— largo para la multitud de jóvenes y hombres que corren delante de
5   los toros y esperan llegar a la plaza. Los toros siempre alcanzan° a muchos de los corredores ... y a veces cogen° a algunos, o en la calle o en la plaza misma. En el hospital, un periodista habla con unos heridos.°

se ... are going to be fought

overtake, catch up with

wound, gore

unos ... some of the injured people

* * * * * * *

Javier Argandoña, de Bilbao, 20 años, gravemente herido en la plaza:
10   —¿Recuerdas cómo te cogió el toro?

—Entré en la plaza y me tiré a la derecha.° Había un chico medio caído y lo agarré.° Miré para atrás y vi como entraba un toro mirándome; me di cuenta que° venía por mí con mucha rapidez. Me tiró al suelo y me cogió. En un instante alguien le llamó la atención al toro y así me salvó la vida. Al principio no sentí nada, y salté al otro lado de la barrera° sin ayuda. Me di cuenta entonces que mi herida era grave porque empezaba a perder el conocimiento.°

—¿Por qué no pudiste evitar la cogida?°

—Con el exceso de gente no pude llegar a la barrera a tiempo. Con menos gente, seguro que sí. Seguro.

—¿Notaste que tu condición era tan grave para llamar a un sacerdote?°

—No. Pero claro que cuando lo llamaron tuve miedo. Entonces creí que la herida era más grave de lo que fue.

—¿Fue tu primer encierro?°

me ... I headed to the right
grabbed
me ... I realized that

barrier, fence around the bull ring
consciousness

evitar ... avoid getting wounded

priest

running of the bulls

—Desde los 16 ó 17 años corro todos los encierros menos los primeros, los del domingo. Es muy peligroso con tantos corredores, sobre todo° los extranjeros que no conocen los toros. Pero 30 este año vine para sábado y domingo y sólo podía correr el encierro del domingo.

    —¿Vas a correr otra vez?

    —No. No. Ahora tengo mucho miedo, mucho. Aunque creo que soy capaz de° terminar bien, no corro con tal exceso de gente 35 . . . ni con poca gente, tampoco. No voy a correr más.

Florentino Bermejo Heras, de Alfaro, 20 años, heridas menos graves:

    —Voy mejorando. El médico me dice que estoy bien, pero no sé cuándo me va a dejar salir.

    —¿Una herida en el cuello° te da miedo a los toros?

40   —El próximo encierro que voy a correr es el 15 de agosto en mi pueblo. Creo que también vuelvo a correr en Pamplona, porque todavía no les tengo miedo a los toros.

Glass Fames, norteamericano de West Virginia, con 24 puntos° en la pierna izquierda:

45   —Sí, estoy mejor con respecto a ayer.

    —¿Te atreves° a correr otro año?

    —Posiblemente, si vengo el año que viene. Me gustan mucho las fiestas de San Fermín, pero—aunque tengo 24 años—seguramente voy a preguntar en casa a ver si me dejan venir.

50 Alberto Marcos Hernández, pamplonés, 24 años, que corre desde los 18 años. Dice sonriente° en la cama:

    —Claro que esta mala suerte no cambia nada para mí. Todo va a continuar tan normal como antes con respecto a los encierros. Mi cogida fue una estupidez.

55 Pablo Viguría Apesteguía, originalmente de Pamplona, 42 años, soltero:°

    —¿Corre siempre en el encierro?

    —Sí, siempre. Viví diez años en París y ahora llevo dos años° en Palma de Mallorca, y siempre vuelvo para las fiestas de San 60 Fermín.

José Antonio Esteban Láinez, pamplonés, 18 años. Duerme—es el efecto de los calmantes.° Su compañero de habitación habla de la cogida:

    —A él le cogió junto al Hospital Militar. Fue herido en la pierna, 65 igual que yo. Pero ahora ya se siente bastante bien. Claro que cuando se le pasa el efecto de las inyecciones le duele, como a mí.

* * * * * * *

sobre . . . especially

capaz . . . capable of

neck

stitches

Te . . . Will you dare

smiling

bachelor

llevo . . . I have lived two years

sedatives

¿Y por qué todo esto? ¿Por qué correr por las calles con animales tan peligrosos? Claro está que las fiestas de San Fermín tienen un
70 origen religioso, y que la corrida de toros viene de los tiempos primi- tivos, pero ... ¿arriesgar° la vida así en el encierro? ¿Por qué? Con- testa un señor pamplonés: —Es la valentía de la sangre navarra° correr delante de los toros.

    ¿Valentía ... o locura? ¿Qué piensa usted? Debe considerarlo bien.
75 Y si contesta «locura», piense usted en esto: ¿No tenemos todos los hombres nuestra propia locura que le da sabor° a la vida?

to risk

sangre ...
Navarran blood

flavor

Adaptación de un artículo de *Diario de Navarra* (España)

Notas lingüísticas y culturales

1. Pamplona, an industrial city in the northeastern Spanish province of Navarre, celebrates the *Fiestas de San Fermín* each July 6–14 in honor of its patron saint. While the festivities include religious services, parades, regional music and dancing, fireworks, and bull- fights, the *Fiestas* are most widely known for the daily *encierro*, or "enclosing of the bulls," that begins on July 7. During each *encierro*, the six bulls to be fought that afternoon are transferred from their corral to the bullring; led by six tame oxen, they gallop along a three-fourths kilometer course that runs through the heart of the city along narrow streets and within temporary barricades. For many years it has been traditional for men, both young and old, to run ahead of the bulls, trying to reach the bullring safely or to escape injury if the herd overtakes them. Although the fighting bull is an extremely dangerous animal, fortunately his instinct is such that he usually prefers to continue running with his compan- ions rather than stop and attack the runners. Thus, the number of serious injuries and fatalities over the years is much lower than one might expect.

    In the past, the *encierro* was common in many parts of Spain; it still survives in some small towns but on a much smaller scale than in Pamplona. The *encierro* in Pamplona has been interna- tionally famous since Ernest Hemingway wrote about it in *The Sun Also Rises* (1926). For a very readable description of *los San- fermines*, see James Michener's *Iberia* (Random House, 1968). For an excellent discussion of the bullfight itself see John Fulton's *Bullfighting* (Dial Press, 1971).

Actividades ════════

A. ¿Comprende Ud.?

Basando su decisión en la lectura, complete las siguientes frases de la manera más apropiada.

1. Pueden ocurrir cogidas . . . .
   a. solamente en la calle
   b. solamente en la plaza
   c. en la calle y en la plaza
2. El toro no mató a Javier porque . . . .
   a. nadie se preocupó por él
   b. otro corredor lo ayudó
   c. los otros corredores corrieron muy rápidamente
3. Llamaron a un sacerdote para Javier porque . . . .
   a. creían que iba a morir
   b. Javier lo pidió
   c. San Fermín es un santo católico
4. Hay más peligro cuando . . . .
   a. corren solamente españoles
   b. no hay tantos corredores
   c. hay muchos corredores
5. Según las entrevistas, cuando uno está herido, su reacción es . . . .
   a. el deseo de correr otra vez
   b. variable, según el individuo
   c. la decisión de no correr más
6. Los que corren en Pamplona son . . . .
   a. españoles y extranjeros
   b. todos españoles
   c. todos de Pamplona
7. Los encierros existen porque . . . .
   a. los toros necesitan el ejercicio
   b. no hay corrida normal
   c. es una tradición

B. Estudio de palabras

Antes de hacer las actividades de esta sección, estudie Ud. las siguientes palabras. Todas aparecen en la lectura.

Verbos

atreverse (a)   to dare (to)
coger   to gore, to wound
correr   to run
sentir (ie, i)   to feel

Adjetivos

grave   serious
herido   wounded
peligroso   dangerous

Sustantivos

el/la corredor(a)   runner
la corrida (de toros)   bullfight
el encierro   the running
  (enclosing) of the bulls
la locura   madness
la valentía   bravery

Expresiones

darse cuenta (que)   to realize
  (that)
tener miedo (a, de)   to be afraid
  (of)

1. **¿Qué palabras de la lista de vocabulario corresponden a estas definiciones?**

    a. la persona que corre
    b. caminar con velocidad
    c. serio, de importancia
    d. lo contrario de cobardía

2. **Complete Ud. estas frases con las formas apropiadas de palabras de la lista a la izquierda.**

el/la corredor(a)
grave
locura
darse cuenta
sentir
herido(a)
atreverse a
coger

    a. El joven no _____ que su herida era grave hasta que llegó el médico.
    b. Yo no voy a participar en esta actividad—hay mucho peligro. ¡Es una _____ participar en ella!
    c. Antes me dolía el brazo _____ pero ahora no _____ nada.
    d. El toro _____ a Javier y ya no se atreve a correr en el encierro.

3. **Conteste las siguientes preguntas personales.**

    a. ¿A Ud. le gusta correr?
    b. ¿Qué opina Ud. de la corrida de torros?
    c. ¿Se atreve Ud. a correr en el encierro de Pamplona?
    d. En su opinión, ¿cuál es el deporte más peligroso de los EE.UU.?
    e. ¿Tiene Ud. miedo de algo? ¿De los animales? ¿De las serpientes? ¿De los exámenes? Explique.

C. Actividades peligrosas

En todas partes del mundo la gente participa en pasatiempos (*pastimes*) peligrosos. Algunas de estas actividades se ven en los dibujos a la izquierda. ¿Son peligrosas? Indique su opinión usando los números 1 a 5 (5 = máximo peligro). Luego, considere con algunos compañeros de clase las preguntas que siguen.

_____ 1. participar en el paracaidismo deportivo
_____ 2. conducir coches de carreras
_____ 3. escalar montañas
_____ 4. andar en la cuerda floja
_____ 5. hacer acuaplanismo
_____ 6. bucear
_____ 7. correr el encierro de Pamplona
_____ 8. trabajar como salvavidas
_____ 9. nadar grandes distancias
_____10. esquiar

a. En su opinión, ¿qué actividades son más peligrosas?, ¿menos peligrosas?
b. ¿Hay algunas actividades que Ud. o sus amigos consideran más peligrosas que el encierro? ¿Cuáles son?
c. ¿En qué países participa la gente en estas actividades?
d. ¿Es España el único país donde la gente participa en «locuras»?

ESCALAR MONTAÑAS

CONDUCIR COCHES DE CARRERAS

HACER
ACUAPLANISMO

ESQUIAR

PARTICIPAR
EN EL
PARACAIDISMO
DEPORTIVO →

BUCEAR

TRABAJAR
COMO
SALVAVIDAS

ANDAR
EN LA CUERDA
FLOJA

D. Consideraciones

Las personas que participan en actividades peligrosas pueden recibir heridas graves, o aun morir, por algún beneficio material o alguna satisfacción personal. ¿Cuáles son los beneficios que uno puede recibir de las siguientes actividades?

¿Está Ud. dispuesto(a) a correr el riesgo de alguna de ellas? Comparta sus ideas con sus compañeros para ver si están de acuerdo. Por ejemplo, un estudiante puede empezar diciendo: «Los que corren en Pamplona pueden ganar en sentido de aventura pero eso no es suficiente para mí.»

correr en Pamplona
escalar montañas
el paracaidismo deportivo
trabajar como salvavidas

hacer un safari en África
manejar un coche en las 500 Millas de Indianápolis
¿ _____ ?

E. Algo para todos

Mientras algunas personas gozan de actividades como el encierro, otras creen que es una locura arriesgar la vida sin necesidad; esta gente prefiere participar en otras actividades—igualmente emocionantes y exigentes pero menos peligrosas. En muchas de estas alternativas el riesgo principal es mental, financiero o emocional en vez de ser físico. ¿Qué opina Ud.? ¿Prefiere las actividades físicas mencionadas en las actividades C y D o le gustan más las de la lista que sigue? Escoja Ud. la actividad de su interés—puede ser algo que Ud. ya hace ahora o puede ser algo que quiere hacer en el futuro. Explíqueles a sus compañeros por qué le gusta más esta actividad que las otras.

    participar en debates
    ser candidato(a) político(a)
    tocar en un conjunto de *rock*
    competir en los *quiz shows* de la televisión
    competir en los Juegos Olímpicos
    jugar en los casinos de Las Vegas
    jugar al póker
    ¿————————?

DÍGAME

¿Qué piensa Ud. de la corrida de toros? Lo siguiente es una traducción simplificada de un diálogo que relata James Michener en su libro *Iberia* (1968). Después de leerla, considere Ud. las preguntas que siguen.

Americano: ¿Cómo es posible ser civilizado y tolerar la corrida de toros? Los americanos decentes, por ejemplo, nos oponemos al boxeo porque es demasiado brutal. ¿Por qué no se oponen Uds. a la corrida?

Español: Hay algunos españoles que tienen esa misma posición. Pero en cambio, también hay muchos españoles decentes a quienes les gusta la corrida; para ellos la brutalidad no es un precio muy grande para tanta belleza.

Americano: ¿Pero cómo es posible justificar la brutalidad con la belleza?

Español: Para comprender esto no debemos comparar la corrida con el boxeo, sino con un deporte que Uds. aceptan—el fútbol americano.

Americano: ¿¡El fútbol!?

Español: Sí, señor. Cada año el fútbol mata a más de cuarenta de sus mejores jóvenes.

Americano: Bueno, hay un accidente de vez en cuando.

Español: Cuarenta hombres, todos los años, y de los mejores jóvenes de su país. Pero no oigo protestas públicas en contra del fútbol.

Americano: Bueno, el fútbol es diferente. Lo juegan en nuestras mejores universidades. Es parte de nuestra vida americana. Todos estamos a favor del fútbol.

Español: Exactamente. El fútbol forma parte de su vida, y produce cantidades enormes de dinero. ¡Claro que no lo ataca nadie!

Americano: Pero no consideramos el fútbol como una manera de ganar dinero—es un deporte para los verdaderos hombres.

Español: Para un europeo como yo, lo más increíble es que mientras Uds. matan sus cuarenta hombres cada año, existe una versión mucho mejor del fútbol que no mata a nadie.

Americano: ¿Ud. quiere decir el *soccer*? ¿El juego afeminado?

Español: Todo el resto del mundo juega este deporte—que Ud. llama afeminado—y lo considera el mejor juego de equipos que existe para profesionales. Y no mata a nadie.

Americano: Pero es un juego afeminado. Y no es parte de la vida americana.

Español: Exactamente—porque los americanos insisten en un juego más brutal. La verdad, según las estadísticas, es que su fútbol es seiscientas veces más peligroso que nuestra corrida.

Americano: Pero hay esta diferencia: en el fútbol el joven puede jugar o no. En la corrida el animal no puede escoger. Y lo matan.

Español: Si Ud. quiere lamentar la muerte de un animal y olvidar la muerte de hombres jóvenes, es su propia decisión. Podemos concluir, entonces, que la corrida de toros es un deporte brutal relativamente no peligroso que les gusta a los españoles. El fútbol es un deporte brutal relativamente peligroso que les gusta a los americanos.

Americano: Sí, pero la corrida es . . . pues, es degradante.

Español: Si Ud. lo dice. . . .

1. ¿Qué piensa Ud. de los puntos de vista del español y del americano?

   ¿Está Ud. de acuerdo con el español?, ¿con el americano?

   ¿Cree Ud. que la comparación de la corrida con el fútbol es una buena comparación? ¿Por qué lo cree?

2. ¿Es verdad que la violencia es parte de la vida americana?

   ¿Es verdad que los americanos insisten en juegos brutales?

   ¿Por qué piensa Ud. eso?

   ¿Se nota la violencia en otros aspectos de la vida americana?

   ¿En cuáles?

   ¿Es una característica típicamente americana, o es más universal? Explique Ud.

3. ¿Cree Ud. que todos los países deben tener los mismos valores y costumbres?

   ¿Qué le gusta de la vida americana que no existe en otros países?

   ¿Qué le gusta de la vida de otros países que no existe en los Estados Unidos?

11

La música— lenguaje universal

Guía para la lectura

As you read you will find it helpful to look for familiar roots when you find new words. Word endings can also help you to guess the meaning of a new word. Words ending in *-ista* often refer to a person who believes in or does something related to the root of the word:

trompetista	*(trompeta)*
futbolista	*(fútbol)*
marxista	*(Marx)*

Words ending in *-ez, -eza, -tad, -dad,* and *-miento* often refer to an abstract noun related to the root of the word:

vejez	*(viejo)*
tristeza	*(triste)*
libertad	*(libre)*
sinceridad	*(sincero)*
sufrimiento	*(sufrir)*

Words ending in *-mente* are usually the equivalent of English words ending in *-ly*:

cariñosamente	*(cariño)*
rápidamente	*(rápido)*

Keeping these generalizations in mind, use the Spanish root word to help you give English equivalents for the following Spanish words:

trombonista	*popularidad*
pianista	*ansiedad*
periodista	*reconocimiento*
niñez	*sentimiento*
pobreza	*sencillamente*
gentileza	*seguramente*
	frecuentemente

Hay miles de lenguas en el mundo, un hecho° que complica la   fact
comunicación entre la gente de diferentes países. Muchas veces esta
comunicación es posible sólo con los servicios de un intérprete que
sabe hablar por lo menos dos lenguas. Pero hay otro tipo de comuni-
5 cación humana que no obedece a estas generalizaciones, porque es
otro tipo de lengua—una lengua que permite la comunicación entre
un español y un francés, un norteamericano y un árabe, un ruso y un
sueco.° Nos referimos, claro está, a la música, lenguaje universal.   Swede
Hay mucha variedad dentro de este lenguaje musical, y un aprecio
10 profundo de los diferentes estilos de música requiere una comprensión muy sutil. La verdad es que no todos comprendemos igualmente
todos los estilos. También es verdad que toda la música es, de una
manera u otra, expresión de los sentimientos universales del hombre.
Así que cuando toca el gran guitarrista español, Andrés Segovia, o el
15 trompetista norteamericano, Louis Armstrong, todos podemos comprender algo de lo que quieren comunicar. Lo que sigue es una pequeña introducción a estos dos músicos de fama internacional—la
primera figura universal de la guitarra clásica y «el Rey del *jazz*».

* * * * * * * * * * * * * *

A los 87 años Andrés Segovia sigue activo en su trabajo y sus con-
20 ciertos. La admiración del público por él aumenta con cada año. Y
cuando le preguntan a Andrés Segovia mismo sobre sus contribuciones al mundo de la guitarra—además de sus magníficas interpretaciones y la perfección maravillosa en la ejecución—él responde sen-
cillamente:

25 —«Considero que la guitarra me debe cuatro cosas importantes:
haberla redimido° del flamenco;[1] haber compuesto° para ella; haber
contribuido° a darla a conocer° mundialmente, y haber influido° para
que° los Conservatorios de Música le den un trato de primera línea,°
que antes no tenía».

Andrés Segovia

haberla . . .
having
redeemed it/
composed
contributed/
darla . . .
making it
known/
influenced
para . . . so that/
le . . . give it
first-class
treatment

30 Desde hace muchos años, Andrés Segovia ofrece cada invierno un
ciclo de conciertos y recitales en los Estados Unidos, y fue durante
la temporada° 1979 cuando recibió una serie de distinciones que se-   season
guramente van a figurar en su libro biográfico. Durante este *tour*,
Segovia dio un concierto en la Casa Blanca, por invitación del Presi-
35 dente de los Estados Unidos; luego el gobierno del Estado de Nueva
York proclamó el 15 de marzo como «*Andrés Segovia Day*»; final-
mente, el Ayuntamiento° le otorgó° la alta condecoración del «Me-   municipal
dallion George Friedrich Handel». Y Andrés Segovia es sólo la cuarta   government/
persona en el mundo que recibe el medallón Handel desde que se   granted
40 estableció.
    Pero el gran Segovia no es solamente músico sino también esposo
y padre—padre de un hijo que nació cuando Segovia tenía 77 años,
y su esposa Emilita, 33. En esos días felices Segovia declaró que as-
piraba a vivir cien años de vida para ver crecido° a su niñito y poderlo   grown
45 educar. Sin embargo, 8 años después estaba bien claro que no se iba
a conformar° con los cien años de vida si Dios le concediera° aún   no ... he would
más: cuando un periodista lo felicitó por su progreso hacia esa edad,   not resign
Segovia respondió: «Por favor, no me limite Ud. la voluntad° de   himself/would
Dios».   grant
                                                                           will

50 Y ¿cuándo piensa retirarse del trabajo y de dar conciertos? Cuando
le preguntan esto, su respuesta es siempre la misma, firme y resuelta:°   resolved
«No me voy a separar de mi guitarra. Mientras tenga° fuerzas voy a   **Mientras** ... As
seguir tocando y practicando° seis horas diarias por lo menos, como   long as I have
lo he hecho° toda mi vida».   **seguir** ... keep
                                                                           on playing and
                                                                           practicing
                                                                           lo ... I have
                                                                           done

55 Si Andrés Segovia es el intérprete prototípico de la guitarra clásica
española, y por lo tanto° un representante del pueblo° español, Louis   **por** ...
Armstrong fue su contraparte con respecto al *jazz*, la contribución   therefore/
original de los Estados Unidos al mundo de la música. «Satchmo»,   nation
como lo llamaban cariñosamente,° nació donde nació el *jazz*, en   affectionately
60 Nueva Orleans, y creció° con él.   grew up
    Concretamente el *jazz* empezó como la voz° de los negros del Sur,   voice
pueblo° que expresó sus angustias°—y sus alegrías—con esta música.   a people/
Así que el *jazz* es, más que nada, un lenguaje de sentimientos—y   anguish
muchos de estos sentimientos originales fueron tristes. Por eso mu-
65 chos músicos del pasado decían que el que no conoce el sufrimiento°   suffering
no tiene derecho a llamarse músico de *jazz*, porque no puede tener
nada que decir.
    Louis Armstrong tenía mucho que decir, y tocaba para todos los
gustos—su música podía ser triste, alegre o tranquila, y siempre den-
70 tro de la tradición del *jazz* original, el *Dixieland*. Gozaba de tanta
popularidad por todas partes del mundo que lo llamaban «El mejor
embajador de los Estados Unidos».

Louis Armstrong

Pero el *Dixieland* no es el único tipo de *jazz* hoy día; como es de esperar de un género° caracterizado por la improvisación, el *jazz* ha genre, type
75 cambiado° mucho con el tiempo. Para Louis Armstrong, no todo lo ha... has changed
nuevo era bueno; durante una entrevista° que concedió en 1968, tres interview
años antes de su muerte, dijo: «A esta nueva música de *jazz* yo la
llamo 'música jiujitsu'». Pero añadió:° «Ahora bien: yo no soy de los added
que dicen que la música moderna no es música. Toda música tiene su
80 sitio. Es sólo que algunas clases de música son más importantes y
universales que otras. Eso es todo».

En la misma entrevista, habló sobre el futuro del *jazz:* «La gente
me sigue preguntando si yo pienso que el *jazz* todavía es lo que era
antes. Y como no me gusta discutir,° por lo general, respondo dos to argue
85 cosas: que nada es como era antes y que el *jazz* va a existir siempre
si hay aficionados.° Y cuando encontramos a un joven músico que nos fans
escucha, sentimos que sí, que todavía hay futuro para el *jazz*. Los que
escuchan siempre resultan ser buenos músicos, no importa el instrumento. ¿Comprenden lo que quiero decir?»
90 Sí, señor Armstrong, comprendemos ... y pensamos que Andrés
Segovia comprendería y diría° lo mismo. **comprendería**
... would understand and would say

Adaptación de artículos de *Temas* (Nueva York) y *ABC* (Madrid)

Actividades

A. ¿Comprende Ud.?

Conteste las siguientes preguntas según la lectura.

1. ¿Por qué se puede decir que la música es un lenguaje universal?
2. ¿Cuáles son las contribuciones de Andrés Segovia al mundo de la música?
3. ¿Qué distinciones recibió Segovia durante su temporado invernal 1979 en los Estados Unidos?
4. ¿Hasta qué edad quiere vivir Andrés Segovia?
5. ¿Por qué es importante el *jazz* en la música de los Estados Unidos?
6. ¿Con qué estilo de *jazz* estaba asociado Louis Armstrong, y por qué?
7. ¿Qué expresa el *jazz?*
8. ¿Por qué fue considerado Louis Armstrong «el mejor embajador de los Estados Unidos»?
9. Según Louis Armstrong, ¿es posible ser optimista con respecto al futuro del *jazz?* Explique Ud.

B. Estudio de palabras

Antes de hacer las actividades en esta sección, estudie Ud. las siguientes palabras. Todas aparecen en la lectura.

Verbos
crecer   *to grow*
discutir   *to argue*
gozar(de)   *to enjoy*
querer decir   *to mean*
tener derecho a   *to have the right to*
tocar   *to play (music, instruments)*

Adjetivos
sencillo   *simple*
único   *only, only one*

Sustantivos
el/la aficionado(a)   *fan (of someone or something)*
el gusto   *taste*
el hecho   *fact*
el músico   *musician*

Expresiones
a través de   *by means of*
no . . . sino   *not . . . but rather*
por lo tanto   *therefore*

1. ¿Cuáles son los antónimos y sinónimos de estas palabras?

Sinónimos: dar, afectar, por medio de, por eso
Antónimos: complejo, sufrir, estar de acuerdo

2. Complete Ud. estas frases con las formas apropiadas de palabras o expresiones de la lista a la izquierda.

el/la aficionado(a)
sino
el gusto
discutir
tener derecho a
a través de

a. Según algunas personas, los _____ de la música *rock* no tienen buen _____ .
b. Durante la entrevista, el músico dijo: —«No, no quería decir eso, _____ lo contrario».
c. Los abogados _____ el caso.
d. Los hechos se descubren _____ la investigación.

3. Haga frases originales con las siguientes palabras y frases: *no ... sino, tener derecho a, querer decir, único.*

C. Los gustos musicales

Los gustos musicales frecuentemente cambian mientras que cambia la situación. Combinando elementos de cada una de las siguientes columnas, indique algunos de los gustos de Ud. Después de expresar cada gusto así, coméntelo con otra frase original.

Cuando me
  siento muy
  feliz
Antes de tener
  una cita
  importante
En la consulta del
  dentista
Cuando es
  domingo y
  llueve mucho
Cuando mis
  vecinos
  quieren dormir
Por la mañana
  cuando me
  baño
Cuando estoy
  solo(a) en
  casa
Si quiero
  impresionar a
  mis amigos
¿_____?

pongo
toco
escucho
canto
prefiero oír
me gusta escuchar
¿_____?

música *country*
música folklórica
música *rock*
el piano
el violín
la guitarra
el/la ¿_____?
la música de Beethoven
la música de los Beatles
la música de ¿_____?
discos nostálgicos
canciones alegres
un álbum romántico
¿_____?

D. Los instrumentos musicales

Primera parte: ¿Cuánto sabe Ud. sobre los instrumentos? Para investigarlo, trate de identificar los instrumentos dibujados *(sketched)* en la página 112, empleando las siguientes descripciones.

1. Es un instrumento muy antiguo. Es muy estrecho y tiene unos dos pies de largo. Cuando uno lo toca, tiene las dos manos a la derecha de la cara. Si Ud. sabe «tocar una botella», puede aprender a tocar este instrumento.
2. Este instrumento es como un piano pero es mucho más pequeño. Utiliza la fuerza del aire para producir su música. Se ve mucho en el programa de Lawrence Welk.
3. Para tocar este instrumento, se necesita un brazo largo. Es un instrumento metálico, bastante grande, y se usa mucho en las bandas militares y también en los conjuntos como Chicago y Blood, Sweat and Tears.
4. Este instrumento tiene cuatro cuerdas y no es muy grande. En él se toca música clásica y también música *country*. Éste fue el instrumento de Jack Benny.
5. Este instrumento tiene muchas teclas *(keys)* blancas y negras y se toca con los diez dedos. Puede producir armonías complejas. Se usa frecuentemente para acompañar a los cantantes.
6. Este instrumento es largo, como el instrumento número 1, pero es más grande. Generalmente negro o de color metálico, fue el instrumento de Benny Goodman. Es muy común en las bandas y orquestas de la escuela.
7. Este instrumento es el preferido de los cantantes folklóricos, de los que tocan flamenco y de los músicos de *rock*.
8. Éste es un instrumento de ritmo. Para tocarlo, se necesitan manos y pies ágiles y rápidos. También se necesita mucha coordinación.
9. Este instrumento metálico produce tonos claros y fuertes. Es más pequeño que el número 3 y es el instrumento de Doc Severinson. También lo tocaba Louis Armstrong.
10. Éste es un «instrumento» que todos tenemos, aunque algunos de nosotros no sabemos usarlo bien. Se usa solo o en grupos, y en todos los lugares—desde el baño hasta la ópera.
11. Este instrumento es de la misma familia que el instrumento número 6, pero es curvo y produce tonos más fuertes. Es uno de los instrumentos más comunes de la música *jazz*.

Segunda parte: ¿Qué instrumentos musicales prefiere Ud.? Prepare una pequeña composición escrita o informe oral y presénteselo a sus compañeros de clase, o quizás a sólo uno(a) de ellos. Las siguientes preguntas pueden ayudarle a organizar sus pensamientos.

1. En general, ¿qué instrumento le gusta más? ¿Por qué?
2. ¿Sabe Ud. tocar este instrumento?
   (Sí):   ¿Cuándo aprendió a tocarlo?
            ¿Toca con un grupo o en una orquesta?

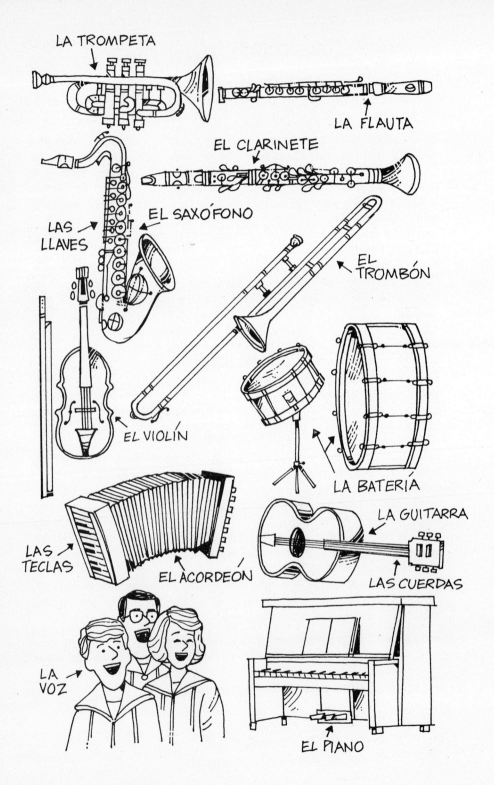

LA TROMPETA

LA FLAUTA

EL CLARINETE

EL SAXÓFONO

LAS LLAVES

EL TROMBÓN

EL VIOLÍN

LA BATERÍA

LA GUITARRA

LAS TECLAS

EL ACORDEÓN

LAS CUERDAS

LA VOZ

EL PIANO

¿Emplea su talento musical para ganar dinero, o piensa hacerlo en el futuro?

(110). ¿Cómo puede aprender?

¿Es necesario tomar lecciones?

¿Quién le puede enseñar?

¿Va a costar mucho dinero?

¿Cuándo piensa empezar?

E. Las bellas artes y Ud.

¿Qué importancia tienen las bellas artes en la vida de Ud.? Este cuestionario le puede ayudar a saberlo. Para cada una de las siguientes situaciones, complete la frase con la alternativa más apropiada para sus gustos personales; puede ser lo que Ud. hace o lo que haría (*would do*) en cada situación. Luego, calcule el resultado y lea su interpretación. ¿Está de acuerdo con ella? ¿Por qué sí o por qué no?

1. Después de estudiar mucho, me gusta . . . .
   a. escuchar buena música
   b. leer las historietas cómicas como Beetle Bailey
2. Los domingos me gusta . . . .
   a. echar una siesta
   b. visitar tiendas de antigüedades
3. Cuando visito una ciudad nueva, prefiero ir a . . . .
   a. los buenos restaurantes
   b. los museos
4. Durante el otoño, me encanta . . . .
   a. ir a los partidos de fútbol
   b. dar paseos por el campo o por un parque
5. Cuando estoy de vacaciones, me gusta . . . .
   a. sacar fotografías artísticas
   b. leer novelas policíacas
6. Si algún día tengo mucho dinero, quiero . . . .
   a. comprar pinturas de artistas famosos
   b. viajar por el mundo un año entero
7. Cuando tengo hambre, prefiero . . . .
   a. preparar un plato exquisito
   b. ir a una *pizzería*
8. Antes de acostarme, me gusta . . . .
   a. leer buena literatura
   b. ver la televisión
9. Si es posible algún día, quiero . . . .
   a. aprender más sobre psicología humana
   b. aprender a escribir música

10. Cuando estoy con amigos, algunas veces discuto sobre . . . .
   a. política
   b. cine y teatro

Resultados: Cuente Ud. un punto para cada una de las siguientes respuestas:
1-a, 2-b, 3-b, 4-b, 5-a, 6-a, 7-a, 8-a, 9-b, 10-b.

Interpretaciones

8–10: Con un temperamento tan artístico, Ud. probablemente pasa sus momentos libres meditando sobre la grandeza poética del mundo.

4–7: Ud. es como muchas otras personas: aprecia mucho las bellas artes, pero en proporción con el resto de la vida.

0–3: ¿Qué horror! ¿Sabe Ud. qué diferencia hay entre Picasso y Archie Bunker?

DÍGAME

1. El *jazz* original reflejaba los tiempos y las circunstancias que lo produjeron.
   —¿Podemos decir lo mismo con respecto a la música popular de hoy?
   —¿Refleja la música popular algunos aspectos de los tiempos modernos? ¿Cuáles?
   —¿Tiene la música popular algo que decir? ¿Qué?
   —¿Es esta música un tipo de lenguaje para Ud.? Explique.

2. Según la lectura, el *jazz* original fue una música típicamente americana, expresión de un pueblo y una cultura.
   —¿Conoce Ud. la música típica de algún otro país? ¿Cuál?
   —¿Cómo se llama esa música?
   —¿Cómo la conoció Ud.?
   —¿Qué tipo de sentimientos expresa esa música? ¿Es triste? ¿alegre? ¿tranquila?

3. Aunque la música de la guitarra clásica española es muy famosa por todo el mundo, gracias en gran parte a Andrés Segovia, no es la única música de guitarra auténtica en España. El otro género, el flamenco, también tiene su representante de fama internacional, Carlos Montoya. Para aprender más, haga Ud. una investigación acerca de los dos tipos de música, y prepare un informe basado en sus investigaciones.

4. Aunque en Nueva York y en Washington honraron a Andrés Segovia como a un embajador, y por todas partes llamaron a Louis Armstrong «El mejor embajador de los Estados Unidos», ninguno lo fue de verdad. ¿Piensa Ud. que los embajadores no oficiales como Andrés Segovia y Louis Armstrong contribuyen más que los embajadores oficiales a la causa de la paz mundial y la comprensión internacional? Defienda su punto de vista.

Una mujer moderna del siglo XVII

Guía para la lectura

Repeated reading of a paragraph will help you to guess the meanings of words that you might not have understood on the first reading. Furthermore, repeated reading of the selection will help you to learn new vocabulary. Many students find that this is more efficient—and more interesting—than writing out long lists of Spanish and English words and memorizing them by rote.

The following paragraph is taken from the reading of this chapter. There are, no doubt, several words in it that you do not know. Read the paragraph and write down all unknown words. Then, ask yourself: "What is this paragraph about?" Finally, reread the paragraph keeping in mind the subject matter.

«No se sabe exactamente cómo una mujer de las cualidades de Sor Juana pudo dejar la vida de esplendor de la corte para entrar en la vida austera de un convento. Sin embargo, sus biógrafos han dado algunas posibles razones: tal vez la niña había sufrido un fracaso amoroso y sentía la necesidad de retirarse del mundo; o, quizá descubrió que era hija ilegítima, situación que, en la sociedad de la época, no le permitía contraer buen matrimonio ni llegar a una situación social satisfactoria. Una tercera razón—y la más probable—es que entró en el convento porque esperaba encontrar ahí la libertad intelectual—un tipo de libertad que no se podía encontrar en la corte frívola de la época».

Can you now guess the meanings of the unknown words? How many of the following words from this paragraph can you understand without checking the glossary?: *dejar, esplendor, biógrafos, fracaso, retirarse, contraer matrimonio.*

En nuestra edad de pensamiento° liberal y «moderna», existen muchos movimientos que piden la igualdad° de derechos. Entre estos movimientos se destaca° el de la emancipación de la mujer. Aunque este movimiento se considera nuevo, tiene algunos antecedentes his-
5 tóricos. Si buscamos entre los anales históricos podemos encontrar a muchas mujeres que han sobresalido° en todos los campos° de la actividad humana. Y dentro del mundo hispánico la mujer que sobresale como ninguna otra es la religiosa° y poetisa mexicana, Sor° Juana Inés de la Cruz (1648–1695).
10 Sor Juana vivía en una época en que la mujer se dedicaba al trabajo de la casa y no se preocupaba por cosas intelectuales, sociales ni políticas. Pero Sor Juana, como las mujeres de hoy, se negó a° seguir las normas de su sociedad. Siendo una niña muy precoz,° pronto llegó a tener una fama extraordinaria por todas partes. Su inteligencia se
15 hizo legendaria: aprendió a leer a los tres años y se dice que a los seis o siete quería asistir a la universidad vestida de hombre;[1] cuando tenía ocho años componía poesía y leía los libros de la biblioteca de su abuelo; aprendió latín en veinte lecciones. Y esto fue solamente el principio de su fama intelectual.
20 En 1665, cuando tenía diecisiete años de edad, Sor Juana fue a vivir a la corte del virrey° en la Ciudad de México.[2] Ahí sirvió de

thought
equality
se . . . stands out

han. . . have excelled/fields
member of a religious order/ Sister

se . . . refused
precocious, advanced for her age

viceroy

dama° de la virreina° Marquesa de Mancera y fue muy celebrada | lady-in-waiting/ viceroy's wife
tanto por su inteligencia como por su belleza física. Sin embargo, un
año más tarde salió de la corte para entrar de monja° en el Convento | nun
25 de San José de las Carmelitas Descalzas.³ A causa de las reglas severas
de ese convento Sor Juana se enfermó y luego se trasladó° al Con- | se . . . transferred
vento de San Jerónimo.

No se sabe exactamente cómo una mujer de las cualidades de Sor
Juana pudo dejar la vida de esplendor de la corte para entrar en la
30 vida austera de un convento. Sin embargo, sus biógrafos han dado° | han . . . have given
algunas posibles razones: tal vez la niña había sufrido° un fracaso° | había . . . had suffered/failure
amoroso y sentía la necesidad de retirarse del mundo; o, quizá des-
cubrió que era hija ilegítima, situación que, en la sociedad de la
época, no le permitía contraer buen matrimonio° ni llegar a una si- | contraer . . . to marry well
35 tuación social satisfactoria. Una tercera razón—y la más probable—es
que entró en el convento porque esperaba encontrar ahí la libertad
intelectual, un tipo de libertad que no podía encontrar en la corte
frívola de su época.

En todo caso, Sor Juana llegó a ser una religiosa ejemplar° y tuvo | exemplary
40 responsabilidades importantes en el convento. Además, siguió estudiando y al mismo tiempo escribía prosa y poesías. Su fama de intelectual crecía y sus versos se leían en el Nuevo Mundo y en España.
Tal vez su obra más conocida es una carta llamada *Respuesta a Sor
Filotea de la Cruz.* En esta obra defiende con una lógica incomparable
45 el derecho de la mujer a participar en actividades intelectuales, religiosas y culturales.

La persona a quien Sor Juana dirigió su carta—la llamada «Sor
Filotea»—fue, en realidad, el Obispo° de Puebla que le había escrito° | Bishop/ había . . . had written
a ella con seudónimo° femenino.⁴ En su carta, el obispo había | pen name
50 expresado° el punto de vista de que una monja debía leer solamente | había . . . had expressed
la doctrina religiosa. También dijo que Sor Juana debía pasar más
tiempo en sus responsabilidades religiosas que en la composición de
poesías. Aunque la respuesta de Sor Juana fue originalmente una re-
acción a esa carta del obispo, es de tan alta calidad° que ha sido | quality
55 llamada° «La Carta Magna de la libertad intelectual de las mujeres | ha . . . has been called
de América».

Al defenderse contra los juicios° del obispo, Sor Juana nota que el | judgments
estudio no debe ser reservado solamente a los hombres; insiste en
que las personas de ambos° sexos deben poder estudiar si tienen la | both
60 capacidad intelectual. Además, declara que se necesitan mujeres pre-
paradas para enseñar a las niñas, ya que éstas no podían estudiar bajo
la dirección de hombres. Así pues, lo verdaderamente interesante de
la *Respuesta a Sor Filotea de la Cruz* es la actitud que adopta Sor
Juana: es una actitud muy similar a la de las mujeres de nuestra época
65 que van en busca de° la igualdad de derechos. | en . . . in search of

Por todos estos episodios de la vida de Sor Juana se puede decir que ella es una mujer del siglo XX, aunque vivió en el XVII. Pero Sor Juana Inés de la Cruz no es la única persona que ha vivido° antes de su tiempo. En todas las épocas históricas han aparecido° tales figuras. 70 ¿Y no es cierto que dentro de 200 años algunas mujeres del siglo XX van a ser consideradas como del siglo XXII?

ha . . . has lived
han . . . have appeared

Notas lingüísticas y culturales

1. Because women were not allowed to attend public classes, Sor Juana wanted to dress as a man in order to study at the university.
2. During the colonial period, Spain divided the New World into four *virreinatos,* or viceroyalties, in order to make it easier to govern the colonies. The executive officer of each viceroyalty was the *virrey*, or viceroy.
3. The Carmelites are a religious order founded at Mt. Carmel, Palestine, in the twelfth century. Considered to be one of the strictest orders, it counts among its members another famous woman writer, the Spanish nun Saint Teresa of Avila (1515–1582).
4. The bishop apparently thought his opinions would be better received by Sor Juana if she thought they came from a fellow nun; thus, he wrote under the name *Sor Filotea.* His letter was a reaction to an earlier letter of Sor Juana in which she had attacked the philosophical arguments of a certain Portuguese priest. The bishop expressed the opinion that Sor Juana should spend less time studying philosophy and writing poetry and more time reading Christian doctrine and carrying out her religious duties. The famous *Respuesta a Sor Filotea de la Cruz* was Sor Juana's answer.

Actividades

A. ¿Comprende Ud.?

Conteste las siguientes preguntas según la lectura.

1. ¿Cómo era la vida de la mujer durante la época de Sor Juana?
2. ¿Por qué fue considerada tan inteligente Sor Juana?
3. ¿Cómo pasó Sor Juana el año antes de entrar en el Convento de San José?

4. ¿Por qué decidió Sor Juana hacerse religiosa?
5. ¿Cuál es el tema de la *Respuesta a Sor Filotea de la Cruz?*
6. ¿Quién era «Sor Filotea de la Cruz»?
7. ¿Por qué es importante hoy la *Respuesta a Sor Filotea de la Cruz?*
8. En su carta, ¿qué dice Sor Juana sobre la educación?
9. ¿Por qué son de interés las ideas de Sor Juana para una persona de nuestros días?

B. Estudio de palabras

Antes de hacer las actividades en esta sección, estudie Ud. las siguientes palabras. Todas aparecen en la lectura.

Verbos
asistir (a)   *to attend*
destacarse   *to stand out*
enfermarse   *to get sick*
hacerse   *to become*
negarse (ie) (a + infin.)   *to refuse (to)*
sobresalir   *to excel*

Adjetivos
precoz   *precocious*
conocido   *known*

Sustantivos
el derecho   *right*
la igualdad   *equality*
la monja   *nun*
la regla   *rule*

Expresiones
a causa de   *because of*
en busca de   *in search of*

1. Susituya las palabras itálicas por sus sinónimos seleccionados de la lista de vocabulario.

   a. La *religiosa* fue a vivir en el convento.
   b. Esos muchachos son *extraordinariamente listos.*
   c. Los estudiantes aplicados siempre *van a* sus clases.
   d. Sor Juana *no quiso* aceptar la discriminación de su época.
   e. *Como resultado de* sus versos, la poetisa ganó fama mundial.
   f. Después de comer demasiado, el chico *se puso enfermo.*
   g. Ernest Hemingway es *famoso* por sus novelas acerca de temas españoles.

2. Llene Ud. los espacios en blanco con formas apropiadas de palabras escogidas de la lista a la izquierda.

el derecho
el fracaso
hacerse
la igualdad
la obra
la regla
sobresalir

   a. Si uno quiere _____ famoso, debe _____ en su campo.
   b. Todos aspiramos a la _____ entre los pueblos de la tierra.
   c. Nadie comentó el _____ de Carlos cuando salió mal en su examen.
   d. Las _____ de esa sociedad son severas.
   e. Hoy día se buscan _____ iguales para hombres y mujeres.

3. Complete Ud. las siguientes oraciones de una manera original.

    a. Yo siempre ando en busca de . . . .

    b. En mi opinión, la persona que se destaca más en . . . es . . . .

    c. La mejor manera de defenderse contra ataques injustos es . . . .

C. La fuerza de las convicciones

Primera parte: A causa de sus convicciones fuertes y su deseo de defender a los que necesitaban ayuda, Sor Juana a veces se encontraba en situaciones desagradables. ¿Está Ud. dispuesto(a) (*willing*) a comprometerse (*to get involved*) en situaciones desagradables para defender los derechos de otras personas? Evalúe Ud. sus propias actitudes, indicando cuándo se comprometería Ud. (*you would get involved*) en las siguientes situaciones. Responda con: siempre, nunca o a veces.

1. Si veo a unos niños grandes que están atormentando a otro niño más pequeño, ayudo al niño pequeño.
2. Si descubro que hay discriminación racial o religiosa en mi comunidad, hablo con mis vecinos contra esa práctica.
3. Si una compañía está tratando mal a sus empleados, no compro los productos de esa compañía.

4. Si nuestro gobierno está considerando legislación que yo considero injusta, les escribo cartas a los senadores.
5. Si dos de mis buenos amigos tienen una diferencia de opinión, trato de ayudarles a resolver su problema.
6. Si paso enfrente de una tienda y veo que alguien la está robando, llamo a la policía.

Segunda parte: Ahora, ¿cómo se defiende Ud. a sí mismo(a)? Para investigarlo, complete cada una de las siguientes oraciones, indicando lo que hace—o haría—en cada situación. Después compare sus comentarios con los de algunos compañeros de clase.

1. Cuando tengo una pelea con un(a) amigo(a) y él/ella empieza a hablar mal de mí, yo . . . .
2. Cuando un profesor me da una nota más baja de la que merezco (*I deserve*), yo . . . .
3. Cuando mis padres me prohiben hacer algo que quiero hacer, yo . . . .
4. Cuando me detiene un policía y me acusa de conducir demasiado rápido, yo . . . .
5. ¿_____?

D. ¿Quién lo dice?

Ud. aprendió en la lectura que Sor Juana puede ser considerada una de las precursoras (*forerunners*) de lo que llamamos hoy día «El Movimiento de la Emancipación de la Mujer». Este movimiento—como muchos otros que promueven (*promote*) la igualdad social—nos ha inspirado (*has inspired*) a darnos cuenta de nuestras propias actitudes y las de las otras personas. Las tres personalidades descritas abajo son estereotipos deliberados de ciertos tipos de personalidad. Después de leer las descripciones, decida cuál de ellos habría hecho (*might have made*) cada uno de los comentarios que siguen las descripciones. ¿Está Ud. de acuerdo con algunos de estos comentarios? ¿Por qué sí o por qué no?

Luciana Santamaría es una mujer de 25 años. Acaba de graduarse como abogada y ahora trabaja con otros tres abogados, todos hombres. En su profesión, Luciana prefiere trabajar en los casos de discriminación contra la mujer. Además, se considera muy afortunada de tener la oportunidad de trabajar con tres hombres: cree que puede hacerles comprender la importancia de la mujer profesional en el mundo moderno.

Miguel Jaramillo tiene 29 años. Después de salir de la universidad, consiguió un buen puesto en una compañía grande. Gana bastante dinero y lleva una vida buena de soltero. Pasa muchas noches en clubs nocturnos o en discotecas y siempre va de vacaciones a países extranjeros. Miguel quiere casarse un día,

pero, según él, la novia tiene que ser bella y buena cocinera. Además, ella debe querer una familia grande y debe creer que el lugar apropiado para cualquier mujer es la casa.

Ricardo Montañez, de 35 años de edad, se casó hace cuatro años con una profesora de música. Él aprecia mucho los talentos de su esposa, pero dice que ella debe estar en casa con los dos niños en vez de seguir su profesión. La señora Montañez está de acuerdo; por eso ella no trabaja ahora. Sin embargo, Ricardo piensa que ella puede—y debe—volver a su profesión después de unos años.

1. La mujer no necesita una profesión porque siempre puede casarse y tener una familia.
2. Aunque los hombres y las mujeres son físicamente diferentes, no hay mucha diferencia en sus capacidades intelectuales.
3. La verdadera razón de ser de una mujer es la de servir al hombre.
4. A causa de la discriminación contra la mujer en el pasado, ahora la mujer debe recibir más puestos profesionales para recuperar lo que ha perdido antes.
5. Claro está que me gustan las mujeres bellas, pero la mujer ideal debe ser tan inteligente como bella.
6. Las mujeres tienen que enseñarles a los hombres que ellas pueden funcionar en el mundo de los negocios.
7. Para mí la mujer que tiene intereses fuera de la casa es una esposa ideal. Uno siempre puede comunicarse con una mujer que no habla sólo de los niños y de los precios del supermercado.

8. La belleza física es seguramente la cualidad más importante de cualquier mujer.
9. La mujer debe recibir el mismo sueldo que el hombre si ella hace el mismo trabajo.
10. La contribución mayor de la mujer a la sociedad es la de producir niños.

E. Expresarse en poesía

Sor Juana fue bien concocida por su genio poético. ¿Sabía que Ud. también puede escribir buena poesía? Para probárselo, escriba algunos poemas siguiendo esta fórmula:

Primer verso (*line*):   Mencione el sujeto con una palabra.
Segundo verso: Describa el sujeto con dos palabras.
Tercer verso: Describa una acción del sujeto con tres palabras.
Cuarto verso: Exprese una emoción sobre el sujeto con cuatro palabras.
Quinto verso: Mencione otra vez el sujeto, pero use otra palabra que refleje (*reflects*) lo que Ud. ya ha dicho (*have said*).

Ejemplos:

León   *Lion*
Bestia furiosa   *Angry beast*
Matando, comiendo, viviendo   *Killing, eating, living*
Te cazan sin pensar   *They hunt you unthinkingly*
Rey   *King*

Novia	*Bride*
Muy hermosa	*Very beautiful*
Bailando, jugando, amando	*Dancing, playing, loving*
Yo no te merezco	*I don't deserve you*
Inocencia	*Innocence*

DÍGAME

1. Según las normas de nuestra sociedad, todos tenemos que seguir las reglas de ciertas autoridades. Piense Ud. en su propia situación.

   —¿Cuáles son las autoridades que influyen en su vida? ¿los padres? ¿la escuela? ¿las reglas de su comunidad?

   —¿Acepta Ud. siempre lo que dicen estas autoridades? ¿Cuándo? ¿Cuándo no lo acepta?

   —¿Cuáles son las situaciones en que uno no debe aceptar lo que dice una autoridad? ¿Están de acuerdo sus compañeros de clase?

2. ¿Implica la emancipación de un grupo de personas la opresión de otro grupo? Considere Ud. el Movimiento Feminista.

   —¿Cree que los hombres están en peores condiciones ahora a causa de la emancipación de la mujer? ¿Por qué sí o por qué no?

   —¿Cree que se necesita un «Movimiento de la Emancipación de los Hombres» similar al Movimiento Feminista? Explique Ud.

Tercer Nivel

Tres misterios y una explicación

Guía para la lectura

As you read, remember that ideas are not always expressed in the same way in other languages as they are in English. Expressions that do not match word-for-word are called idioms: *de repente,* suddenly; *dejar caer,* to drop;

dar de comer, to feed; *menos mal,* it's a good thing. It is a good strategy to learn such expressions immediately so that you will recognize them the next time you see them.

Using the clues offered in the context, match the italicized idioms with the appropriate English equivalents.

completely
felt like
was
    eager to
from time
    to time
he did well,
    got a
    good
    grade
realized
naturally, of
    course
in fact
to be
    unlucky

1. Le ha entrado un pánico profundo; *en efecto* él deja sus compras y sale corriendo de la tienda.
2. Miró el calendario y *se dio cuenta* que ese martes era el 13.
3. Esta pareja *tenía ganas de* casarse.
4. Mi abuelo dijo que íbamos a *tener mala suerte.*
5. *Claro que* todas las supersticiones del pasado no eran tan divertidas como éstas.
6. Ramón siempre lleva la misma camisa a los exámenes porque *salió muy bien* la primera vez que la llevó.
7. ¿No hace Ud. cosas similares *de vez en cuando*?
8. ¿Cuándo va a desaparecer la superstición *por completo*?

Es martes y Beatriz Gutiérrez está en la librería de su universidad; va a comprar los libros para sus clases. Después de esperar mucho tiempo en la cola,° llega a la caja.° Empieza a escribir su cheque, pero de repente° se pone completamente pálida y deja caer su bolígrafo.°

5 Parece que le ha entrado un pánico profundo. En efecto, ella deja sus compras y sale corriendo de la tienda. No para hasta llegar a casa. Entra temblando, se mete en la cama y no se mueve de allí hasta la próxima mañana.

line (of people)/
check-out
counter
de . . .
suddenly/
deja . . . drops
her ballpoint
pen

* * * * * * * * * *

Es una tarde sombría° y las calles están llenas de niebla.° Un señor
10 alto y distinguido camina por la calle. Parece que está pensando profundamente—tiene el aspecto de un hombre en un estado hipnótico. De repente, recuerda que se le ha olvidado algo importante. Cuando se vuelve° para regresar a la oficina, su cara se convierte en un retrato° de horror. Queda sin moverse, paralizado de miedo.

somber,
gloomy/
fog

se . . . turns
around/
portrait

* * * * * * * * * *

15 Hoy es un día especial para el matrimonio Bermúdez: primer aniversario de su boda. Se están preparando para ir a un banquete formal en su honor. De repente el señor Bermúdez oye un grito de su mujer, y corre a ver lo que ha ocurrido. La encuentra como petrificada en el

baño, los ojos fijos° en el suelo. Cuando el señor Bermúdez ve lo que   fixed
20 ella está mirando, él también se queda horrorizado. Ninguno de los
dos puede recuperarse en vista de la catástrofe—cancelan el banquete
y se quedan en casa tratando de confortarse.

* * * * * * * * * *

¿Cómo se pueden explicar estos misterios? Es muy sencillo. Beatriz Gutiérrez se dio cuenta que ese martes era el 13.[1] Cuando el
25 señor alto y distinguido se volvió, vio que había pasado por debajo
de una escalera.° Y los señores Bermúdez estaban mirando un espejo   por...under a
roto. Es evidente que todas estas personas eran víctimas de la supers-   ladder
tición.
Pero ¿qué es la superstición? ¿Cómo empezó? La superstición ha
30 existido desde tiempos muy antiguos. Junto con el folklor, representa
la reacción del hombre frente a° lo que no comprende, y forma la   frente...in the
base de muchas ceremonias y costumbres conservadas hasta ahora.   face of
Por ejemplo, escondemos los bostezos° con la mano . . . pero sin saber   yawns
que en otros tiempos se hacía eso para evitar la entrada de «espíritus

35 malos» por la boca abierta. Tampoco pensamos en las muchas supers- ||| *sneeze/belief*
ticiones que existían con respecto al estornudo,° como la creencia° de ||| *soul*
que el alma° salía del cuerpo cuando uno estornudaba—¡pero segui-
mos diciendo «Salud», o «*Bless you*» o «*Gesundheit*»!

Además de las supersticiones que todavía nos afectan de una ma-
40 nera u otra, hay muchas que ya son cosa del pasado. Vamos a conocer
algunas de ellas:

—Las personas nacidas en enero podían ver fantasmas.° ||| *ghosts*

—Si Ud. se bañaba o se cambiaba de ropa entre la Navidad y el
Año Nuevo, iba a tener mala suerte.

45 —Una chica que tenía ganas de casarse debía darle de comer al ||| **darle** . . . feed
gato° en su zapato. ||| the cat

—Para tener buena suerte, había que llevar la pata trasera iz- ||| **pata** . . . left
quierda de un conejo° muerto de un tiro° en un cementerio por ||| hind foot of a
la noche. ||| rabbit/
||| **muerto** . . .
||| killed by a
||| gunshot

50 Claro que no todas las supersticiones del pasado eran tan divertidas
como éstas; por ejemplo, muchas personas murieron acusadas de
brujería.° Menos mal° que el hombre moderno ha empezado a librarse ||| *witchcraft/*
de la superstición, gracias a las ciencias físicas y sociales y a una ||| **Menos** . . . It's a
teología más sofisticada. ||| good thing

55 Sí, poco a poco vamos dejando atrás la época de la superstición.
Sin embargo, casi todos tenemos nuestras idiosincrasias que reflejan
su influencia. Se cuenta de un estudiante universitario que siempre
lleva la misma camisa a los exámenes finales, porque salió muy bien° ||| **salió** . . . did
la primera vez que la llevó. Otro estudiante no quiere examinarse en ||| very well
60 la sala de clase No. 364 porque un día escribió un examen horrible
allí y lo suspendieron° en el curso. Y Ud., ¿no hace cosas similares ||| **lo** . . . they
de vez en cuando? ||| failed him

La superstición, como tantas otras cosas, es un fenómeno del pasado que todavía tiene su influencia en el presente. ¿Cuándo va a
65 desaparecer por completo? Tal vez nunca—no lo sabemos. En todo
caso, amigo lector, ¡le deseamos muy buena suerte!

Notas lingüísticas y culturales

1. In the United States, Friday the 13th is traditionally considered a
   day of bad luck. In Spanish-speaking countries, the bad-luck day
   is *Tuesday* the 13th.

Actividades

A. ¿Comprende Ud.?

Basando su decisión en la lectura, decida si cada una de las siguientes frases es verdadera o falsa, y explique el porqué de cada decisión.

1. Beatriz Gutiérrez cree que el día trece es un día de buena suerte.
2. El señor alto y distinguido no es una persona supersticiosa.
3. Los señores Bermúdez creen que van a tener mala suerte.
4. Muchas veces la superstición es el resultado de la falta de conocimiento.
5. Solamente las personas supersticiosas cubren los bostezos con la mano.
6. Algunas veces las supersticiones han tenido consecuencias muy graves.
7. El estudiante lleva la misma camisa porque no tiene otra.
8. La superstición todavía afecta la vida del hombre moderno.

B. Estudio de palabras

Antes de hacer las actividades de esta sección, estudie Ud. las siguientes palabras. Todas aparecen en la lectura.

Sustantivos
el bostezo *yawn*
el espejo *mirror*
el estornudo *sneeze*
el grito *shout*

Expresiones
claro (que) *naturally, of course (+ clause)*
de repente *suddenly*
de vez en cuando *from time to time*
dejar caer *to drop*
menos mal *it's a good thing*

paralizado(a) (de miedo) *paralyzed (by fear)*
ponerse + adj. *to become*
salir bien (v.g., en un examen) *to do well (e.g., on a test)*
¡Salud! *Bless you! (said when someone else sneezes; lit., health)*
tener buena/mala suerte *to be lucky/unlucky*
tener ganas de (+ infin.) *to be eager to, to feel like*

1. **Haga Ud. la correspondencia apropiada entre las palabras de la columna A y las palabras asociadas de la columna B.**

   A
   a. mirarse
   b. sin esperarse, de pronto
   c. la boca abierta; estar aburrido
   d. ver un gato negro
   e. un estornudo

   B
   1. el bostezo
   2. el espejo
   3. ¡Salud!
   4. tener mala suerte
   5. de repente

2. **Complete Ud. estas frases con las formas apropiadas de palabras de la lista de vocabulario.**

   a. Oímos un _____ de la calle y salimos de la casa a ver lo que estaba pasando.

   b. Cuando los profesores dicen «No tenemos examen mañana,» muchos estudiantes dicen «¡_____!»

   c. La víctima estaba _____—no podía moverse.

   d. Si rompes un _____ , vas a tener siete años de mala suerte.

3. **Complete Ud. estas frases con los equivalentes en español de las palabras en inglés.**

   a. Nosotros hacemos cosas similares _____ .
   (from time to time)

   b. Yo _____ ir; por eso no voy.
   (don't feel like)

   c. _____ queremos tener buena suerte.
   (Naturally)

   d. Yo _____ los platos cuando oí el
   (dropped)

   _____ .
   (shout)

4. **Conteste las siguientes preguntas personales.**

   a. ¿Qué tiene Ud. ganas de hacer esta noche? ¿Va a hacerlo?

   b. ¿Qué hacen sus amigos cuando no salen bien en un examen?

   c. ¿Tiene Ud. buena suerte? ¿Por qué cree eso?

   d. En su opinión, ¿cuándo va a desaparecer por completo la superstición? ¿Por qué cree eso?

C. ¿Es Ud. supersticioso(a)?

Primera parte: Escoja la frase que mejor lo/la describe a Ud.

No soy nada supersticioso(a).

Soy un poco supersticioso(a).

Soy bastante supersticioso(a).

Soy muy supersticioso(a).

Segunda parte: Ahora tome el siguiente *test*. Usando los números 0 a 5, indique hasta qué punto cada frase lo/la describe a Ud. (5 = «me describe muy bien»; 0 = «no me describe en absoluto»).

_____ 1. Me preocupo cuando veo un gato negro.

_____ 2. Prefiero no pasar por debajo de las escaleras.

_____ 3. Siempre llevo el mismo traje—mi traje de suerte—en la primera cita con una nueva persona.

_____ 4. Leo mi horóscopo antes de planear algo importante.

_____ 5. Llevo algo para buena suerte cuando tengo un examen difícil.

_____ 6. Antes de cortar una torta de cumpleaños, pienso en un deseo y trato de apagar todas las candelas.

_____ 7. Cuando otra persona estornuda, yo digo «¡Salud!»

_____ 8. Toco madera después de decir cosas como, «Yo nunca tengo accidentes».

[____] TOTAL

Interpretaciones

28–40: Ud. es supersticioso(a) al extremo. ¿También cree en Papá Noel?

14–27: Ud. es supersticioso(a), sí, pero sólo hasta cierto punto. No se preocupe—hay muchas personas como Ud.

0–13: Para Ud. la superstición casi no existe ... y, quizás, ¡tampoco la suerte!

Tercera parte: Ha aprendido Ud. algo de sí mismo(a) (*yourself*)? Use las siguientes preguntas y comparta sus opiniones con sus amigos.

1. Según el resultado del cuestionario, ¿es Ud. más supersticioso(a) de lo que pensaba? ¿menos? ¿lo mismo?
2. ¿Qué frases le ayudaron más a pensar en lo que hace?
3. ¿Cree que el cuestionario revela la verdad sobre Ud.?

D. ¿Cuándo tiene Ud. miedo?

Muchas supersticiones están relacionadas con el miedo, pero muchas veces el miedo no tiene nada que ver con la superstición. Usando los números 0 a 2, indique hasta qué punto Ud. podría sentir miedo en las siguientes situaciones. Luego, compare sus respuestas con las de algunos compañeros de clase.

> 0 = No me molesta nada.
> 1 = Me pone un poco nervioso(a).
> 2 = Me da mucho miedo.

_____ 1. Ud. está en un vuelo transatlántico y dos de los cuatro motores se paran.

_____ 2. Ud. está solo(a) en casa y oye un ruido extraño en otra parte de la casa.

_____ 3. Ud. está en una corrida de toros; el toro salta la barrera cerca de Ud.

_____ 4. Ud. está solo(a) en la oscuridad después de apagar la televisión; estaba mirando una película de horror.

_____ 5. Ud. está en la parte más alta de un edificio, mirando hacia abajo.

_____ 6. Ud. está conduciendo el coche de su familia y se da cuenta que va en dirección prohibida; en ese momento ve que un policía lo/la sigue.

_____ 7. Ud. tiene que pronunciar un discurso ante un auditorio muy grande dentro de cinco minutos.

_____ 8. Ud. está en la caja del supermercado; dos hombres armados le dicen al dependiente que quieren todo el dinero de la caja.

_____ 9. Ud. hace *camping* con su familia; ve entrar en su tienda *(tent)* una serpiente peligrosa.

_____10. Ud. tiene que ser pasajero(a) en la montaña rusa *(roller coaster)* más grande de Disneylandia.

E. Un cuento de misterio

El segundo incidente de la lectura de este capítulo se parece mucho a un «cuento de fantasmas» *(ghost story)*. Solo(a) o con algunos compañeros, cree Ud. su propio cuento de fantasmas. Aquí tienen algunas palabras útiles:

noche sombría	tumba	víctima
niebla	misterioso	estado hipnótico
oscuridad	de repente	horror, horrorizado
lluvia	bruja	paralizado de miedo
luna	fantasma	pánico
cementerio	espíritu malo	peligro

DÍGAME

1. La lectura menciona las idiosincrasias de dos jóvenes. ¿Tiene Ud.—u otra persona que Ud. conoce—algunas costumbres idiosincrásicas?

   Describa Ud. algunas de ellas. ¿En qué situaciones se notan? ¿Son ejemplos de la superstición o no? ¿Por qué piensa Ud. eso?

2. En el pasado, la superstición fue una reacción frecuente del hombre frente a lo que no comprendía. ¿Cuál es la reacción de Ud. frente a los siguientes misterios de la vida moderna?

   —Muchos aviones y barcos se han perdido en una parte del Océano Atlántico que se llama «El Triángulo de las Bermudas.»

   —De vez en cuando alguien dice que ha visto un «objeto volador no identificado» (OVNI).

   —Se dice que muchas personas tienen percepción extrasensorial: sueños del futuro, telepatía mental, contacto con los muertos.

   ¿Piensa Ud. que estos fenómenos existen de verdad, o que son simplemente productos de la imaginacíon? ¿Por qué?

   Si existen, ¿cómo podemos explicarlos?

   ¿Son supersticiosas las personas que creen en estos misterios? Explique Ud.

Riesgos°
de la vida
moderna

° risks

Guía para la lectura

When you encounter a word that you can't quite understand—perhaps a word with a familiar root—try to make use of what you know about the grammar of the sentence, as well as the meaning of the root. For example, the third word of the phrase *en los seres humanos* looks like a plural somehow related to the verb *ser*, "to be." Because *seres* is sandwiched between *los* and an adjective, however, *seres* has to be a noun. A noun related to "to be" is "beings." Now the phrase makes sense: "in human beings." Thus, simply using what you already know about meanings and grammar can help you solve many problems. See if you can discover the meaning of the italicized words in the following sentences.

1. Las enfermedades cardiovasculares—llamadas «*el mal* del siglo»—son la causa principal de la muerte en el mundo de hoy.
2. En estos experimentos los *ratones* sufrieron un miedo *continuo* e intenso.
3. Se provocan en el hombre efectos muy similares a los efectos producidos en los animales: más actividad del sistema nervioso y un *aumento* de la producción de adrenalina.
4. Aunque el hombre no muere a causa de estos aumentos, los resultados de la tensión psicosocial son verdaderamente *dañosos*.
5. Los investigadores estudiaron este fenómeno en un grupo de ratones *criados* sin contacto social.

Las enfermedades cardiovasculares—llamadas «el mal del siglo»—son la causa principal de la muerte en el mundo de hoy. Provocan más muertes que el cáncer, los accidentes y las enfermedades contagiosas.

5   Para tratar de comprender estas enfermedades y la amenaza° que traen al hombre, algunos investigadores han experimentado con los ratones. Puesto que° estos animales tienen un carácter similar al del hombre, los investigadores, al observarlos, han podido determinar la relación entre la tensión y la enfermedad orgánica en los seres hu-
10 manos.°

    Algunos estudios experimentales han mostrado la conexión entre el miedo y las dificultades en el funcionamiento° fisiológico. En estos experimentos, los ratones sufrieron un miedo continuo e intenso que afectó negativamente el sistema nervioso. En algunos casos la tensión
15 psicosocial resultó en la muerte.

    En el hombre los efectos de la tensión no son tan dramáticos. Sin embargo, cuando el hombre sufre estas tensiones durante mucho tiempo, se provocan en él efectos muy similares a los efectos producidos en los animales: más actividad del sistema nervioso y un
20 aumento de la producción de adrenalina. Aunque el hombre no muere a causa de estos aumentos, los resultados de la tensión psicosocial son verdaderamente dañosos.

    Una de las fuentes° de la tensión que sufre el hombre de hoy es la naturaleza misma de la vida moderna, sobre todo la vida urbana.
25 En las grandes ciudades el hombre tiene menos contactos personales e íntimos y, por eso, se aumentan el aislamiento y la enajenación.°

threat

Puesto...
Since

seres...
human beings

functioning

sources

aislamiento...
isolation and
alienation

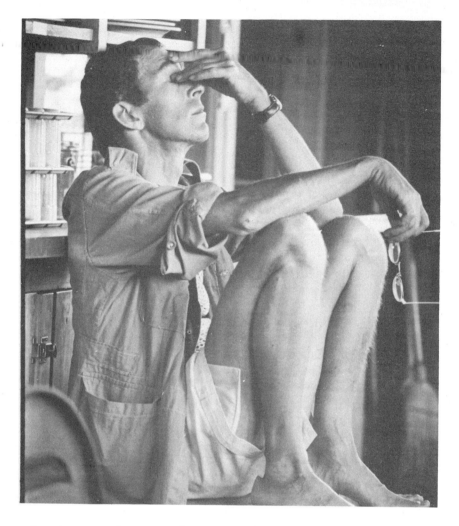

Los investigadores estudiaron este fenómeno en un grupo de ra- *raised*
tones criados° sin contacto social. Al ponerlos juntos, no pudieron
adaptarse a una vida colectiva; se peleaban por la menor causa. En
30 otro estudio similar, los ratones vivían aislados unos de otros; se en-
contraban en un lugar central sólo para comer y beber. Los resultados,
como se supone, fueron la tensión y la violencia. Tan fuertes eran los
efectos físicos en los ratones que una autopsia mostró efectos negativos en el riñón,° el corazón y la aorta. Así se determinó muy clara- *kidneys*
35 mente la relación entre la tensión causada por la vida moderna y las
enfermedades físicas.

Para mostrar con objectividad numérica esta relación, dos
psiquiatras° americanos han estudiado los cambios que ocurren du- *psychiatrists*
rante la vida. Como resultado de sus estudios, han establecido la si-
40 guiente escala.° *scale*

ESCALA DE VALORES NUMÉRICOS

Valor	Acontecimiento°	Event
100	Muerte del esposo	
73	Divorcio	
63	Encarcelamiento°	Imprisonment
53	Enfermedad o herida personal	
50	Matrimonio	
47	Pérdida del empleo	
45	Jubilación°	Retirement
39	Llegada de un nuevo miembro de la familia	
38	Cambio de situación financiera	
36	Cambio del número de peleas con el esposo	
29	Dificultades con la familia del esposo	
28	Éxito° personal excepcional	Success
26	Comienzo o fin de los estudios	
20	Cambio de residencia	
20	Cambio de estudios	
19	Cambio de diversión favorita	
13	Vacaciones	
11	Infracciones menores de la ley	

En esta escala, cada número representa una medida° de la tensión °measure
causada por el cambio. Es interesante notar que los valores que se
refieren a cambios en la familia son casi el doble de los valores de
otros cambios. Por ejemplo, el divorcio vale 73 mientras un éxito per-
45 sonal sólo vale 28.

Numerosos estudios indican una íntima relación entre los valores
numéricos y la aparición° de enfermedades. Vamos a suponer, por °onset
ejemplo, que una persona (A) sufre la muerte del esposo y pierde el
empleo: valor total = 100 + 47 = 147. Otra persona (B) termina su
50 educación y va de vacaciones: valor total = 26 + 13 = 39. Según los
estudios, la probabilidad de contraer° una enfermedad física es mayor **de** ... of
en A que en B. Así se muestra que en una persona que sufre de mucha contracting
tensión se aumenta la posibilidad de una enfermedad física.

En fin, parece que el remedio contra el «mal del siglo» es, en
55 realidad, el escape de los efectos dañosos de la vida moderna. Por
eso, hay preguntas de gran importancia que el hombre debe hacerse:
¿Cómo puedo evitar la tensión? Si no puedo evitarla, ¿Cómo puedo
adaptarme?

Adaptación de un artículo de *Triunfo* (Madrid) por Dr. J. A. Valtueña

Actividades

A. ¿Comprende Ud.?

Primera parte: Ponga en orden las palabras de las siguientes frases. Todas son verdaderas.

1. el cáncer / del corazón / causan / las enfermedades / más muertes que
2. muy similares / porque son / al hombre / con los ratones / se experimenta
3. puede tener / el sistema nervioso / sobre / una influencia / el miedo
4. más tensión que / causan / los otros cambios / los cambios familiares
5. la del campo / menos personal que / es / la vida urbana
6. y / la enfermedad física / hay / la tensión / una relación entre
7. la muerte / resultar en / la tensión / puede / en el ratón

Segunda parte: Conteste las siguientes preguntas según la lectura.

1. ¿A qué se refiere la frase «el mal del siglo»? ¿Por qué se llama así?
2. ¿Cuál es uno de los efectos de la tensión psicosocial en el hombre moderno? ¿en el ratón?
3. ¿Cuál es una de las causas de la tensión en el hombre?
4. En los experimentos, ¿cómo reaccionaron los ratones cuando los pusieron juntos?

B. Estudio de palabras

Antes de hacer las actividades de esta sección, estudie Ud. las siguientes palabras. Todas aparecen en la lectura.

Verbos
adaptarse (a)   *to become adapted (to)*
evitar   *to avoid*
mostrar (ue)   *to show*
resultar (en)   *to result (in)*

Sustantivos
el acontecimiento   *event*
el aumento   *increase*
el cambio   *change*
la fuente   *source*
la muerte   *death*
el resultado   *result*

Adjetivos
dañoso   *harmful*
juntos   *together*

Expresiones
a causa de   *because of*
contraer una enfermedad   *to contract a disease*
los seres humanos   *human beings*

1. **Haga Ud. la correspondencia apropiada entre las palabras de la Columna A y las palabras asociadas de la Columna B.**

   A
   a. el aumento
   b. juntos
   c. dañoso
   d. los seres humanos
   e. contraer una enfermedad
   f. el resultado
   g. mostrar
   h. la muerte

   B
   1. la falta de vida
   2. manifestar, exponer, enseñar una cosa
   3. enfermarse
   4. el incremento
   5. causa dolor
   6. hombres, mujeres, niños
   7. unidos
   8. el efecto

2. **Complete las siguientes frases de una manera personal.**

   a. A causa de _____ no he podido _____ .
   b. Un acontecimiento importante de mi vida: _____ .
   c. Para mí el cambio es _____ .
   d. Para mí una fuente de tensión es/son _____ .
   e. La mejor manera de evitar la tensión es _____ .

C. Análisis de la tensión

Lea las siguientes descripciones de tres personas; luego:

   a. identifique los acontecimientos que son posibles fuentes de la tensión; apúntelos *(jot them down)*;
   b. apunte el valor numérico de cada acontecimiento;
   c. cuente el número de puntos en total que tiene cada una de las tres personas para determinar quién ha acumulado más/menos puntos.

Use el siguiente formulario para organizar sus apuntes.

Nombre: _____

acontecimiento	puntos
Total	

No hay una sola respuesta correcta; algunos estudiantes seguramente encontrarán más fuentes de tensión que otros estudiantes. Por eso, compare sus resultados con los de sus compañeros de clase.

1. El año pasado, Víctor Márquez, un soltero de setenta años, se jubiló. Para descansar se fue de vacaciones a las montañas. Allí se encontró con una viejecita, Sara Sierra, y los dos se enamoraron. Dentro de muy poco tiempo, decidieron casarse. Después de la ceremonia, se compraron una casita nueva en el campo para gozar de los últimos años de jubilación.

2. Javier Salamanca es un arquitecto de veinticinco años de edad. El año pasado, Javier salió de la universidad con honores y unas semanas después de graduarse, empezó a trabajar con una compañía grande. Después de establecerse en su puesto, se casó con Elena Salcedo, hija de una familia importante. Javier y Elena acaban de saber que van a tener un niño; los dos están contentísimos.

3. Hace dos años que Jesús Morales juega al fútbol con el equipo universitario. Este año cuando regresó a la Universidad Nacional, que está muy lejos de su casa, los otros atletas del equipo lo nombraron capitán. Jesús estaba muy entusiasmado esperando el primer partido pero tuvo la mala suerte de romperse la pierna, y no pudo jugar.

D. Estrategias para vencer la tensión

Además de preocuparnos por nuestra salud física, necesitamos cuidar la salud mental. ¿Cuáles son sus estrategias para vencer *(conquer)* la tensión? ¿Reflejan sus estrategias las siguientes frases? Si no son verdaderas para Ud., cambie las oraciones para comunicar los métodos que Ud. usaría para evitar la tensión en estas situaciones.

1. Si pierdo un empleo, hago *yoga* para tranquilizarme.
2. Cuando salgo mal en un examen, corro tres millas para olvidarlo.
3. Cuando tengo que esperar mucho tiempo en la caja del supermercado, cuento de cero a ciento, de ciento a cero, de cero a ciento, etcétera.

4. Cuando alguien está enfadado(a) conmigo, trato de iniciar una conversación con *otra* persona para no perder mi perspectiva.
5. Cuando estoy enfadado(a) con otra persona, le escribo una carta que expresa todas mis emociones . . . y entonces la destruyo.
6. Cuando tengo muchísimo que hacer, trato de comer bien y dormir ocho horas.
7. Cuando tengo muchos problemas, me siento a escuchar música: Bach, Mozart, Beethoven—especialmente conciertos para violín y piano.
8. Cuando estoy bajo presión y en conflictos, escribo cartas a mi madre (imagino su consejo), y rompo las cartas (sigo sus indicaciones).

¿Qué otras situaciones le causan tensión a Ud.? ¿Cómo combate esta tensión?

E. En la oficina del psicólogo

Un psicólogo y su cliente se reunen por primera vez. Las líneas que siguen son los comienzos de su conversación. ¿Cómo la continuaría Ud.? Añada las líneas necesarias para crear una conversación única e interesante.

Psicólogo: Muy buenos días, señor _____ (señora _____).
Cliente: Buenos días, doctor.
Psicólogo: ¿Cómo se encuentra usted hoy?
Cliente: Pues, doctor, tengo este problema: es que, este . . .
Psicólogo: No tenga usted miedo. Cuénteme todo.

DÍGAME

1. Cuente un éxito personal suyo—cualquier cosa que le ha dado mucha satisfacción.
2. Hay ventajas y desventajas de vivir en cualquier sitio. En la ciudad, por ejemplo, hay actividades culturales y deportivas, pero también la vida diaria puede ser muy agitada. En el campo no hay, por lo general, las mismas actividades que en la ciudad, pero ahí la vida puede ser más tranquila.
   —¿Qué ventajas y desventajas de vivir encuentra Ud. en la ciudad y en el campo?
   —¿Dónde prefiere vivir? ¿Por qué?
   —¿La tensión puede existir en el campo tanto como en la ciudad? Explique Ud.
3. En su opinión, ¿cómo puede el hombre moderno evitar los efectos dañosos de la tensión psicosocial?

¿Dónde estarán los precios en 1990?

Guía para la lectura

One way to make your reading less difficult is to be aware that many words have more than one meaning and that only the context can tell you for sure what the word means. For example, *esperar* can mean "to wait for" and "to hope." In the lead sentence to this reading, the clause "Como era de esperar..." could mean either "As was to be hoped" or "As was to be expected." When you read beyond this clause and you discover that the following idea is a negative one, i.e., ". . . un terrorífico incremento de precios se ha precipitado *(has fallen)* sobre los consumidores . . .," then you can safely assume from the context that the meaning has to be "As was to be expected." Other common words that have more than one meaning are *dejar* (to leave, to allow), *deber* (ought, to owe), *llevar* (to wear, to carry), and *tomar* (to eat, to drink, to take). When you encounter such a word, it is usually helpful not to assign meaning to it until you read further. Most often the context that follows will make clear the appropriate meaning.

Practice this strategy by telling what the italicized word in each sentence means.

1. Ya no vamos a poder *tomar* vino si los precios continúan subiendo.
2. Creo que no *debemos* gastar tanto dinero ya que la inflación es tan alta.
3. ¿Qué vas a *llevar* a la fiesta de mañana? ¿Vino o cerveza?
4. El gobierno no va a *dejar* más incrementos en los precios del petróleo.
5. El señor Solaún le *debe* a todo el mundo, ya que no gana lo suficiente para vivir y mantener a su familia.

Madrid, enero 1980: Como era de esperar, un terrorífico incremento de precios se ha precipitado° sobre los consumidores . . . buena forma de empezar el año, de comenzar una década. La línea aérea, Iberia, ha solicitado un aumento° de 36,7 por 100 para sus vuelos
5 nacionales; el gas se incrementará en un porcentaje semejante; la electricidad en un veinte por ciento, y es fácil prever° un alza° de un buen número de productos: pan, leche, transportes urbanos, taxis . . .y todo lo que a Ud., buen lector y consumidor, se le pueda° ocurrir.

A este ritmo, a uno le da vértigo° recordar lo que una entrada de
10 cine, una barra de pan o una conferencia telefónica° costaban hace diez años, y entran escalofríos° cuando alguien se atreve a° imaginar lo que podrán costar esos mismos productos dentro de diez años.

Con mucha prudencia y buena base científica, se ha tratado de descubrir lo que costarán diversos productos en 1990 aquí en España.
15 Y al lado de estos precios previsibles,° hemos puesto, para su mejor comparación, los precios que existen hoy día, y los de 1970 (véase° el dibujo en las páginas 148–149).

Para el cálculo de los precios de 1990, hemos considerado el aumento del coste de la vida en la última década, y lo hemos aplicado
20 a los precios actuales,° ya que no será peligroso prever para los próximos años un aumento de precios similares al aumento de la década pasada. Hasta el final del año pasado, los precios habían aumentado—en estos últimos diez años—un 146,2 por 100. Con este índice, hemos realizado nuestras previsiones.° Hay que tener en cuenta° que algu-
25 nos productos, como la leche, el pan, el automóvil y ciertos servicios,

se . . . has fallen

increase

to foresee, predict /a rise

might

A . . . At this rate, it makes one dizzy
conferencia . . . long-distance call
shivers/**se** . . . dares to

predicted

see

current, present-day

predictions/
tener . . . to keep in mind

LO QUE COSTABA, CUEST

Salario mínimo interprofesional

Año	70	80	90
Ptas.	120	692	3.985

Vuelo Madrid-Barcelona

Año	70	80	90
Ptas.	1.515	3.658	8.998

Entrada de cine. Película de estreno.

Año	70	80	90
Ptas.	40	180	442

Automovil (Seat 124) ff.

Año	70	80	90
Ptas.	118.000	378.400	931.620

Franqueo correo interior

Año	70	80	90
Ptas.	2	8	20

Un mes de colegio. Hijo de diez años

Año	70	80	90
Ptas.	650	5.000	12.300

Menú medi

Año	70
Ptas.	750

Año
Ptas.

Año
Ptas.

CINE

RES

MAYT
Comod

HOY

COSTARA LA VIDA

Piso de 100 m. en Madrid

Año	70	80	90
Ptas.	800.000	3.500.000	8.600.000

Conferencia telefónica. Madrid-Barcelona. 3 minutos

Año	70	80	90
Ptas.	22	70	172

Botella de coñac

Año	70	80	90
Ptas.	65	240	590

Paquete de Ducados

Año	70	80	90
Ptas.	12	18	44

Libro «best-seller»

Año	70	80	90
Ptas.	150	400	985

Par de zapatos señora

Año	70	80	90
Ptas.	1.100	3.300	8.120

Un litro de leche

Año	70	80	90
Ptas.	10	46	113

90
1.600

0 grs.
90
32

José Gallego 1980

como el teléfono o el correo,° han visto aumentados sus precios en la   mail service
última década en un porcentaje superior a ese 146,2 por 100.

    Dadas estas explicaciones, ya verá Ud. en este dibujo que un sello°   stamp
para enviar una carta a cualquier provincia española costará, dentro
30 de diez años, lo que hoy vale un paquete de «Ducados»,[1] y que el
litro de leche andará ya por las 113 pesetas.[2]

Adaptación de un artículo de Blanco y Negro (España)

Notas lingüísticas y culturales

1. In Spain, cigarettes are classified as *rubios* or *negros*, according
   to the kind of tobacco of which they are made. The *rubios* are
   typically milder than the *negros*. "Ducados" (*negros*) is one of the
   most popular and best-selling brands of Spanish cigarettes.
2. In recent years, inflation and other economic factors have produced considerable fluctuation in rates of exchange throughout the
   world. The ratio of pesetas to dollars has ranged from 50 to 100
   during this period, and was at 70 pesetas when this article was
   published (January 1980).

Actividades

A. ¿Comprende Ud.?

Conteste las siguientes preguntas según la lectura. Si Ud. empieza su respuesta con «sí» o «no», defienda su posición.

1. ¿A qué se refiere la línea «buena manera de empezar una década»?
2. ¿Es verdad que los aumentos de precios afectan solamente algunas de las necesidades y comodidades de la vida?
3. ¿Costaban lo mismo hace diez años que ahora una barra de pan y una entrada de cine?
4. ¿Cómo se calcularon los precios previsibles para el año 1990?
5. ¿Cuáles son algunas cosas que han aumentado de precio más que otras en los últimos diez años?
6. ¿Cuánto costaba un paquete de «Ducados» en 1980?

B. Estudio de palabras

Antes de hacer las actividades de esta sección, estudie Ud. las siguientes palabras. Todas aparecen en la lectura.

Verbos
atreverse (a)   *to dare (to)*
prever   *to forecast, predict*
tratar de (+ infin.)   *to try*
valer   *to be worth*

Expresiones
tener en cuenta   *to keep in mind*

Adjetivos
actual   *present-day*

Sustantivos
el/la consumidor(a)   *consumer*
el correo   *mail service, the mail*
la década   *decade*
la entrada de cine   *theater ticket*
la línea aérea   *airline*
el piso   *floor (story of a building)*
el porcentaje   *percentage*
el sello   *stamp*
el vuelo   *flight*

1. **¿Qué palabras de la lista de vocabulario puede Ud. asociar con cada una de las siguientes palabras?**

   a. avión
   b. carta
   c. película
   d. presente

2. Complete Ud. estas frases con las formas apropiadas de palabras de la lista de vocabulario.

a. Con la inflación ya tan alta, _____ se encuentra pagando precios mucho más grandes en las tiendas.

b. La economía en esta _____ se ve peor que en los últimos diez años y, probablemente, mejor que en los próximos diez años.

c. El séptimo _____ de este edificio de apartamentos es el más caro porque tiene balcón.

d. La inflación actual ha aumentado en un _____ mayor que el del salario del consumidor.

3. Haga frases originales con las siguientes palabras.

a. prever
b. tener en cuenta
c. tratar de
d. valer
e. atreverse a

4. Complete las siguientes frases para expresar sus propias ideas.

a. Con los pocos recursos económicos que tengo, yo trato de . . . .
b. Con respecto a la economía actual, hay que tener en cuenta que . . . .
c. Creo que unos productos que no valen sus precios altos son . . . . porque . . . .
d. Yo puedo prever que en la década de los 90 . . . .

C. Los precios de aquí y de allá

A través de la lectura, Ud. ha aprendido algo sobre los precios en España. ¿Cómo se comparan estos precios con los de los Estados Unidos? Para investigar esto, convierta los precios de pesetas a dólares (véase la nota 2 en la página 150). Luego considere las preguntas que siguen.

Comodidades			Precios	
		1970	1980	1990
Piso de 100 metros (1076 pies)	ptas. dól.	800.000	3.500.000	8.600.000
Automóvil (Seat 124)	ptas. dól.	118.000	378.400	931.620
Franqueo de correo interior	ptas. dól.	2	8	20
Barra de pan 250 gramos	ptas. dól.	4	13	32
Par de zapatos para señora	ptas. dól.	1.100	3.300	8.120
Litro de leche	ptas. dól.	10	46	113
Botella de coñac	ptas. dól.	65	240	590
Entrada de cine	ptas. dól.	40	180	442
Conferencia telefónica, Madrid-Barcelona de tres minutos	ptas. dól.	22	70	172

1. ¿Son parecidos los precios en España y en los Estados Unidos?
   —¿Qué cosas cuestan más en España?
   —¿Qué cosas cuestan más en los Estados Unidos?
   —¿Eran más parecidos los precios españoles y norteamericanos en 1970 o en 1980?
   —¿Puede Ud. sugerir posibles explicaciones para algunas de las similaridades y diferencias notadas?
2. ¿Cuánto piensa Ud. que costarán los artículos de consumo en los Estados Unidos en el año 1990? ¿Cree Ud. que los precios previstos para España serán válidos también para los Estados Unidos? ¿Por qué sí o por qué no?

D. Un presupuesto personal

Imagínese que Ud. está viviendo en cierto año y que tiene un presupuesto (*budget*) total de cierta cantidad de dinero. Teniendo en cuenta lo que pueden costar las cosas para entonces, prepare un presupuesto personal, refiriéndose a la siguiente lista de necesidades:

casa/piso	ropa
comida	diversiones
calefacción	gastos médicos
agua	seguros (*insurance*)
transporte	¿————————?

Ahora compare su presupuesto con el de un(a) compañero(a) de clase. ¿En qué son similares? ¿diferentes? ¿Podrían Uds. vivir juntos sin problema, según las clases de vida indicadas por sus presupuestos? Si no, ¿podrían hacer los cambios necesarios? ¿Qué cambios tendría que hacer cada uno(a) de Uds.?

E. El mundo del futuro

En estos días mucha gente habla de lo diferente que será la vida en el futuro, a causa de la rapidez del ritmo de cambio. Trate Ud. de imaginar cómo será el mundo en el año 2000, teniendo en cuenta la inflación, el aumento mundial de la población, los conflictos internacionales, los avances científicos, etcétera. Después de organizar sus ideas, compárelas con las de un(a) compañero(a) de clase. ¿En qué son similares? ¿diferentes?

DÍGAME

1. Se dice frecuentemente que nuestra época se puede llamar «la sociedad de la tarjeta de crédito (*credit card*)». ¿Cuáles son las ventajas y desventajas del uso de estas tarjetas? ¿Las usa Ud. o su familia?

2. A pesar del aumento de la tecnología y de la capacidad mundial de producir comida, se oye hablar cada vez más del hambre mundial. En su opinión, ¿cómo se puede explicar esta paradoja? ¿Cómo se puede resolverla? ¿Está relacionada con el aumento en los precios? ¿con otros variables? Las siguientes preguntas pueden ayudarle a expresar sus opiniones.

   —¿Están relacionados el habre y el aumento de la población? ¿Ofrece una solución el control de la natalidad (*birth control*)?

   —¿Deben sacrificarse los que tienen más por los que tienen menos?

   —¿Hay un conflicto entre los derechos y las responsabilidades?

   —¿Influye el concepto de ciudadanía mundial (*world citizenship*) en vez de nacional?

   —¿Puede contribuir a una solución la gente común de los Estados Unidos? ¿de Europa? ¿de cualquier parte?

3. La inflación es uno de los problemas más graves de cualquier sociedad, porque está relacionada con tantos aspectos de la vida. ¿Qué sabe Ud. de las causas de la inflación? ¿Qué ideas tiene para controlarla o reducirla?

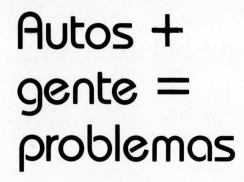

Autos +
gente =
problemas

Guía para la lectura

As you read, keep in mind that certain cue words and punctuation marks will give you a clue about the kind of information that follows. Expressions such as *sin embargo, pero,* and *en realidad* are usually followed by information that contrasts with or in some way contradicts a preceding idea. On the other hand, words like *además, también, es decir* (that is to say), *o sea* (that is), and *por ejemplo* usually anticipate more of the same kind of information in terms of examples, clarification, or elaboration of an idea. Similarly, a dash or a colon is usually followed by information that develops, expands, or comments on the preceding information.

Complete the following sentences in any way that is logical given the context of each sentence.

1. Me gustaría tomar un taxi al concierto; sin embargo, _____ .
2. Hay problemas enormes con el tránsito público en esta ciudad, es decir,
   _____ .
3. Hay varios métodos de transporte en una ciudad grande, por ejemplo,
   _____
4. El conductor de un autobús tiene muchas responsabilidades:
   _____ .
5. Dicen que la policía allí «acepta dinero», pero en realidad
   _____ .
6. Los choques de coches son muy frecuentes en esa ciudad; además,
   _____ .
7. Una víctima de un accidente tiene pocos derechos, o sea,
   _____ .

Enfrente de un teatro en la Ciudad de México, tres hombres están peleando porque todos quieren el mismo taxi. Por fin un hombre saca una pistola.

* * *

En la esquina de dos calles principales una viejecita espera tem-
5 blando. Quiere cruzar la calle, pero tiene miedo de todos los coches que la amenazan.°   threaten

* * *

En otra calle dos conductores° están gritándose palabrotas° porque   drivers/ swear words
ninguno de los dos quiere ceder el paso.°   **ceder** . . . yield the right of way

* * *

Estos episodios simbolizan los problemas y peligros del transporte°   transportation
10 que afectan tanto al conductor como al peatón.° Es que para sobrevivir°   pedestrian/ survive
en la Ciudad de México, uno necesita más que paciencia y voluntad.°   will, resolve

¿Cómo puede el peatón—la persona sin coche—resolver el pro-
blema de ir de un lugar a otro? Si no se atreve a abordar° uno de los   **no** . . . doesn't dare get on
autobuses o tranvías° sobrecargados° de pasajeros, no le queda más   streetcars/ overloaded
15 remedio que pararse en una esquina a pescar° un taxi. Esto puede   to catch (*lit.*, to fish)
ocurrir en cinco minutos o no ocurrir en una hora porque no hay
bastantes taxis y porque los precios bajos dan a todo el mundo la

posibilidad de viajar en taxi. Así que «la pesca del taxi» se convierte en una competencia° de peatones que se observan desde las cuatro
20 esquinas. En cuanto° para un taxi, todos corren como galgos° a tomarlo.

En resumen, para ser peatón y feliz, hay que tener cualidades especiales. Para pescar un taxi, se necesita mucha paciencia. Para tolerar las incomodidades° del transporte público, se necesita una resigna-
25 ción cristiana. Y sobre todo—como en el caso de la viejecita—se requieren habilidades sobrehumanas° para eludir° los vehículos. La persona que sale con vida de una plaza[1] como la de la Independencia—donde convergen 5 ó 6 calles principales—puede considerarse consagrado° como ciudadano-torero.° Allí, el peatón corre más o
30 menos el mismo peligro que los jóvenes de Pamplona durante los famosos encierros de toros° en las fiestas de San Fermín.[2]

contest
En ... As soon as/greyhounds

inconveniences

superhuman/ elude, avoid

consecrated/ citizen- bullfighter **encierros** ... running of the bulls

Ya se ve que los problemas del peatón son serios, pero no son peores que los del conductor. La mayor consideración para él es abrirse paso° sin chocar con otro coche o atropellar° a un peatón. Esto **abrirse . . . to get through/ running over horn**
35 se hace con habilidad y bocina.° Sin embargo, a veces no es posible evitar un accidente, y es entonces cuando se presentan los problemas más comunes. El primero—en caso de un choque—es resolver sin demasiada violencia los conflictos con el otro conductor. El segundo problema—si el conductor tiene la mala suerte de atropellar a un
40 peatón—es eludir los testimonios de la víctima. Y el tercero es—en caso de cualquier accidente o infracción—evitar una visita a la comisaría.° Bien. Pero éstos son solamente los problemas. ¿Cuáles **police station** son las soluciones?

El primer problema se puede resolver fácilmente si no se presenta
45 la policía. Sin policía los rivales discuten y se dicen palabrotas, pero por lo general llegan a un acuerdo prudente—es decir, la discusión casi nunca resulta en daño físico para ninguno de los rivales . . . aunque a veces alguien saca una pistola.

El segundo problema, el de eludir los testimonios de la víctima,
50 también tiene una solución expedita,° aunque no muy deseable. Con- **quick** sidere Ud. lo siguiente. Se cuenta de una conversación entre el abogado de una compañía de autobuses y los choferes de esa compañía:

—Uds. deben asegurarse de que el atropellado está muerto. Si lo dejan simplemente herido, puede ser peligroso para los intereses de
55 la compañía.

—Y si no está muerto, ¿qué . . . ?

—Pues, entonces se le da una «pasadita», o planchada° para estar seguro. . . . Sin duda esta solución es muy exagerada, pero de todos modos revela el deseo de algunos conductores de frenar el aumento
60 de la población.°

se . . . you run over him, or "iron him out" frenar . . . to slow down (*lit.*, to brake) the increase in population

Tampoco es difícil resolver el tercer problema, el de evitar una visita a la comisaría para hablar con el juez.° Claro está que las personas que ya tuvieron una experiencia con la comisaría no quieren tener otra. Por eso, cuando llega el policía, se le ofrece una pequeña
65 cantidad de dinero, llamada vulgarmente° una «mordida».° Así, mostrando al policía la licencia de conductor con un billete de 50 pesos, seguro que uno no va a la comisaría.

judge

popularly/bribe (*lit.*, bite)

Accidentes de tránsito, infracciones a las ordenanzas municipales y problemas entre peatones y choferes son cosas que ocurren en todas
70 las ciudades grandes del mundo. Tal vez la Ciudad de México parece ser un caso especial por la actitud fatalista de sus peatones y por la agresividad excesiva de los conductores. Sin embargo, estas cosas se encuentran en muchas de las ciudades grandes del mundo, y todos los habitantes de aquellas ciudades tienen el mismo problema:
75 ¿Cómo ir desde aquí hasta allí y llegar sano y salvo?°

sano . . . safe and sound (*lit.*, sound and safe)

Adaptación de un artículo de *Life en español* por Ramón Frausto

Notas lingüísticas y culturales

1. In many Spanish-speaking countries, it is common for a monument, statue, or fountain to be built in the middle of an intersection where many streets converge. Such an intersection is usually referred to as a *plaza* and is often the scene of confusion: there may be traffic lights, an official directing traffic, both or neither. In any case, there can be traffic congestion, especially if five or six streets come together at the plaza and the cars wish to proceed in varying directions. The word *plaza* also refers to the main square in the center of a town or city.
2. See Note 1, page 95.

Actividades

A. ¿Comprende Ud.?

Basando su decisión en la lectura, complete las siguientes frases de la manera más apropiada.

1. Los tres episodios al principio indican que la selección va a ser . . . .
   a. un análisis humorístico
   b. una información objetiva
   c. un estudio serio y profundo
2. El problema más grande con respecto a los taxis en México es que . . . .
   a. cuestan mucho dinero
   b. muchas veces no es posible encontrar uno cuando se necesita
   c. siempre hay una competencia entre los taxistas
3. Para coger un taxi hay que . . . .
   a. correr tan rápido como un galgo
   b. llamar a la oficina central y esperar unos cinco minutos
   c. tener una cantidad astronómica de dinero
4. En la Ciudad de México la vida de un peatón es . . . .
   a. cómoda, porque el transporte público es muy bueno
   b. fácil, porque hay muchos vehículos
   c. difícil, porque uno necesita los talentos de un torero
5. El ciudadano-torero es una persona que . . . .
   a. mata toros con su coche en las plazas grandes
   b. acepta las incomodidades del transporte público con la resignación de un torero
   c. puede eludir los vehículos cuando cruza una calle principal
6. La primera cosa que un conductor tiene que hacer es . . . .
   a. conducir sin tener accidentes
   b. atropellar a un peatón
   c. desconectar su bocina

B. Estudio de palabras

Antes de hacer las actividades en esta sección, estudie Ud. las siguientes palabras. Todas aparecen en la lectura.

Verbos

amenazar *to threaten*
chocar con *to hit, to have an accident*
convertirse en (ie, i) *to turn into, to become*

evitar *to avoid*
gritar *to shout*
pelear *to fight*

Expresiones

llegar a un acuerdo   *to reach an*
   agreement
sano y salvo   *safe and sound*
sobre todo   *above all*

Sustantivos

la mordida   *bribe*

las palabrotas   *swear words*
el/la peatón(-ona)   *pedestrian*
el peligro   *danger*
el tranvía   *streetcar*

Adjetivos

herido   *wounded*

1. **¿Cuáles son los sinónimos de estas palabras:** hablar en voz alta, luchar, dañado?

2. **Haga Ud. la correspondencia apropiada entre las palabras de la Columna A y las palabras asociadas de la Columna B.**

   A
   a. amenazar
   b. la mordida
   c. el transporte
   d. sobre todo

   B
   1. el tranvía
   2. el dinero
   3. las palabrotas
   4. especialmente

3. **Complete Ud. estas frases con las formas apropiadas de palabras de la lista a la izquierda.**

   llegar a un
      acuerdo
   el peatón
   convertirse
      en
   herido
   sano y
      salvo
   evitar

   a. _____ tiene pocos derechos en la Ciudad de México, sobre todo cuando camina por la calle en busca de un taxi.
   b. Un conductor y un policía fácilmente _____ con un billete de 50 pesos.
   c. Para llegar _____ a tu destinación, debes salir de casa con dos horas de anticipación.
   d. El conductor en la Ciudad de México _____ un diablo cuando conduce su coche.

4. **Complete las siguientes frases de una manera personal.**

   a. No me gustaría chocar con ... porque ....
   b. El peligro más grande con el tránsito en mi ciudad es ....
   c. Ante todo, yo siempre trato de evitar ....
   d. A veces, digo palabrotas cuando ....

C. ¿Conoce Ud. su auto?

Indique si cada una de las siguientes frases es verdadera o falsa. Si una frase es falsa, corríjala para hacerla verdadera.

1. Para indicar que Ud. va a doblar a la izquierda, hay que usar la bocina.
2. Se debe guardar el limpiaparabrisas en la guantera.
3. Uno mira en el cenicero para saber si la policía le sigue.

el espejo · el volante · el asiento · la ventanilla · el baúl
el parabrisas
el limpiaparabrisas
la cubierta del motor
el faro
la placa · el parachoques · la llanta
el tanque

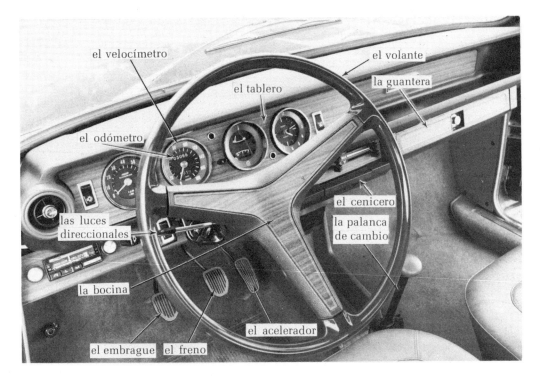

el velocímetro · el volante
el tablero · la guantera
el odómetro
el cenicero
la palanca de cambio
las luces direccionales
la bocina
el acelerador
el embrague · el freno

4. Se usan las placas para identificar los vehículos.
5. Para aumentar la velocidad, se usa el parachoques.
6. Para saber el número de millas que uno ha viajado, se debe mirar el embrague.

7. Uno va a la estación de servicio para llenar el radiador con gasolina.
8. Para parar el coche se aplica el freno.
9. Para doblar una esquina, se debe poner las dos manos en el tablero.
10. Cuando el auto se recalienta, se pone agua en el asiento.

D. Problemitas

Imagínese que Ud. se encuentra en cada una de las siguientes situaciones. ¿Qué haría? Trate Ud. de resolver la situación de cualquier manera apropiada. Puede haber varias maneras de resolver cada situación.
Ejemplo:

Situación: El motor se está quemando.
Posibles respuestas: Llamo a los bomberos.
Le echo agua.
Salgo de mi coche y corro.
Me siento en la calle y lloro.
Llamo a mi papá.

1. El coche no funciona y Ud. tiene que comprar comida para la fiesta de esta noche.
2. Se le acaba la gasolina en el centro de la ciudad.
3. Cuando sale de casa por la mañana, Ud. nota que tiene una llanta desinflada.
4. Ud. no puede entrar en el coche porque dejó las llaves dentro de él.
5. Ud. oye una sirena y ve que le sigue un policía.
6. Ud. ve a un joven haciendo autostop. El joven tiene muchas maletas.
7. Le acaban de llenar el tanque con gasolina y Ud. descubre que no lleva ni dinero ni tarjetas de crédito.
8. Ud. se acerca a una intersección; la luz está amarilla.

E. ¿Ángel o diablo?

¿Es Ud. ángel o diablo cuando conduce? Para saberlo, tome el siguiente *test.* Empleando los números 0 a 3, indique con qué frecuencia Ud. hace o siente lo que sugieren las siguientes frases (0 = nunca, 1 = a veces, 2 = por lo general, 3 = siempre). Luego, lea la interpretación.

_____ 1. Cuando otro coche me niega la entrada, le grito palabrotas.
_____ 2. Cuando el coche delante de mí se para y no funciona de nuevo, toco la bocina.
_____ 3. Cuando un peatón cruza en contra de la luz, tengo ganas de atropellarlo.

_____ 4. Cuando los conductores doblan la esquina sin indicar, me entran ganas de estrangularlos.

_____ 5. Cuando un ciclista se pone delante de mí en una calle estrecha, toco la bocina para asustarlo.

_____ 6. Cuando alguien me quita el espacio donde deseo estacionar mi coche, tengo la tentación de desinflarle las llantas.

_____ 7. Cuando un coche me sigue muy de cerca, toco los frenos para asustarlo.

_____ 8. Cuando tengo prisa, siento la tentación de dar una «pasadita» a cualquier peatón.

_____ 9. Cuando un taxista me amenaza con la bocina, tengo ganas de robarle el taxímetro.

_____ 10. Cuando los camiones bloquean toda la carretera, me dan ganas de dinamitarlos.

TOTAL

Interpretaciones

0–9: ¡Qué bueno es Ud.! Su corona es muy bonita, pero ¿no le molestan las alas cuando duerme?

10–19: ¿Ángel o diablo? ¡Quién sabe! Depende del momento.

20–30: ¡Por Dios! ¿Es Ud. tan diabólico en todo lo que hace?

F. Situaciones y soluciones

Puede ser muy divertido imaginarse lo que podría pasar en situaciones como las siguientes. Con un(a) compañero(a) de clase, escoja una situación e invente la conversación que podría ocurrir.

1. **Personajes:** Una pareja de recién casados
   Situación: Él quiere comprar un pequeño coche deportivo pero ella desea algo más práctico para la familia que van a tener.

2. **Personajes:** Una viejecita
   Un policía
   Situación: La viejecita acaba de parar todo el tráfico en el centro de la ciudad porque su gato se escapó por la ventanilla y ella lo busca. El policía trata de convencerla de mover su coche.

3. **Personajes:** Una joven bonita y coqueta
   Un policía, también joven y guapo
   Situación: El policía detiene a la joven que iba a 70 millas por hora en una zona de 50.

4. **Personajes:** Dos jugadores de fútbol
   Un policía
   Situación: Los dos jugadores van por una calle en vía contraria. El policía los detiene.

DÍGAME

1. En muchas partes del mundo la gente depende en gran parte del transporte público. Algunos lo hacen porque no tienen transporte propio, y otros, para conservar energía. ¿Qué tipo de transporte público hay donde vive Ud.? ¿Cómo es? ¿Cuánto cuesta? ¿Usa Ud. el transporte público a veces? ¿Por qué sí o por qué no?

2. Tener su propio coche puede ser una cosa buena o mala, según las circunstancias y el punto de vista del individuo. En su opinión, ¿cuáles son las ventajas y desventajas de tener coche?
   —¿Qué puede uno hacer si tiene coche? ¿Qué no puede hacer si no lo tiene?
   —¿Es necesario tener coche hoy día en los Estados Unidos? ¿Por qué sí o por qué no?
   —¿En qué situaciones es un problema tener coche?
   —¿Cómo contribuyen los coches a los problemas del individuo en los Estados Unidos?
   —¿Cómo contribuyen a los problemas del país?

3. Se dice que cada coche es único, que tiene su propia personalidad. Piensa en un coche de interés para Ud.—puede ser un coche que tiene ahora, que ha tenido o que quiere tener algún día. ¿Cómo es? ¿Tiene algunas características especiales? Explique Ud.

17

El secreto de Brunequilda

Guía para la lectura

When reading short stories like "*El secreto de Brunequilda*," you may find the following strategies helpful. As early as possible, try to develop an idea about what each character is like. That will help you to anticipate what kinds of things he or she might say or do later. Also, be sure that you know which character is talking during a conversation. Remember that often a change of speaker is indicated only by a dash. The characters of the following story include a suspicious husband (*don Serapio*), his wife (*Brunequilda*), and a private detective (*el detective*). Which one might you expect to say each of the lines in the following conversation?

—Y ¿dónde has estado toda la tarde?

—En el parque, como siempre. Pero, ¿quién es este señor? ¿Por qué me sigue todos los días?

—Quieres saber eso, ¿eh? Pues, amigo, ¿quiere Ud. explicárselo?

—Muy bien, señor; les voy a decir a los dos lo que he aprendido.

You may "trip" occasionally when one of the characters says or does something that does not seem to fit your understanding of the story. A frequent cause of such problems is that the reader has given the wrong meaning to a pronoun or has made the wrong person the subject of a verb. When that happens, a good strategy is to go back to any verbs or pronouns in the sentence (*que, quien, le, lo, la,* etc.) to make certain that you have correctly identified the persons to whom they refer. If you had difficulty in doing the exercise above, read the conversation again and pay particular attention to the verb endings and object pronouns:

—What information can you derive from *has* and *quieres* in lines 1 and 3?

—Why is the second verb in line 3 *quiere* instead of *quieres*?

—To whom does the *les* of line 4 refer?

Aunque su mujer tenía carácter pacífico y confiado,° don Serapio Cascarudo no pudo tolerar más las idas y venidas° de ella. Tampoco pudo aguantar° la sonrisa° de inocencia que ella le daba al llegar a casa a las ocho de la noche. Y por último, no pudo tolerar más la
5 inocente manera en que la señora siempre contestaba a sus preguntas:

—¿Adónde has ido, querida?

—Pues, a ningún sitio en particular. Sólo fui a dar un paseo, a estirar° un poco las piernas, ¿sabes?

El señor Cascarudo pensaba que Brunequilda lo engañaba° y que
10 además lo tomaba por imbécil, burlándose de él° en forma intolerable. Como don Serapio se ocupaba tanto en sus múltiples negocios, contrató a un detective y le mandó seguirla. Era un hombre bajito y rechoncho,° de aspecto bastante ordinario y vestido de verde.

—Conviértase Ud. en la sombra de mi mujer—le dijo el Sr. Cas-
15 carudo. —Sígala por todas partes y descubra sus reuniones secretas. No importan nada los gastos.°

—¡Muy bien!—respondió brevemente el sabueso,° frotándose las manos.°

trusting
idas . . . *comings and goings (lit., goings and comings)*
endure/smile

to stretch
was deceiving
burlándose . . . *making fun of him*

chubby

expenditures, costs
bloodhound
frotándose . . . *rubbing his hands together*

Dos semanas más tarde el detective fue a ver a don Serapio en su
20 oficina.

—He seguido a su esposa por todas partes —le informó—sin per-
derla de vista ni un sólo instante, y lo único que he descubierto es
que le gusta caminar. Todas las tardes camina sus cinco kilómetros.

—¿Sola?—preguntó don Serapio.

25 —Completamente sola.

—¿Está Ud. seguro?

—Completamente seguro.

A pesar de° la impresión de confianza° que daba el hombrecillo
vestido de verde, el señor Cascarudo no podía creer su informe.°
30 Estaba seguro que Brunequilda había engañado al detective de alguna manera. Por eso contrató un equipo completo de detectives británicos—que son los mejores del mundo—para observar sus movimientos e investigar su pasado con todo detalle.°

Un mes más tarde, el director del equipo británico fue a la oficina
35 de don Serapio para informarle sobre los resultados de la investigación.

—El pasado de su señora es intachable.° Desde que salió del convento hasta que se casó con Ud., jamás ha tenido un novio, ni siquiera
la menor relación platónica.

40 El señor Cascarudo sintió un dolorcito de conciencia. En efecto, su
mujer jamás había tenido novios ni había sido coqueta° en lo más
mínimo. El señor Cascarudo sintió que él mismo era un canalla° por
haber dudado de su purísima esposa—ese ángel con vestido mini y
abrigo midi—su angélica Brunequilda.

45 Y sin embargo . . . y sin embargo . . . el recuerdo de aquellos largos
paseos volvió a causarle sospechas y celos.°

—Sí, pero mi mujer—dijo don Serapio—sigue sus paseos por las
tardes.

—Precisamente—dijo el detective británico, consultando sus
50 apuntes.° —Su mujer es muy aficionada a salir a caminar por las
tardes. Hace más de dos años que sale sin hablar jamás con nadie.

Serapio Cascarudo dio un suspiro de alivio° y su cara se iluminó
de alegría.

—No obstante°—continuó el detective con calma muy británica,
55 clavando sus ojos° fríos en los de su cliente—debo informarle a Ud.
que hace un mes que se encuentra todas las tardes en el parque con
un hombrecillo bajito y rechoncho de aspecto bien ordinario, que
siempre va vestido de verde . . .

Adaptación de una mini-comedia de *Hablemos Magazine*
(México) por Marco A. Almazán

A . . . In spite of/confidence report

con . . . in great detail

spotless

coquette, flirt

mean, unworthy person

sospechas . . . suspicions and jealousy

notes

suspiro . . . sigh of relief

No . . . Nevertheless **clavando** . . . staring (*lit.*, **clavar** = to nail)

Actividades

A. ¿Comprende Ud.?

Basando su decisión en la lectura, decida si cada una de las siguientes frases es verdadera o falsa, y explique el porqué de cada decisión.

1. A don Serapio no le molestaban mucho los paseos de su mujer.
2. Según don Serapio, Brunequilda era muy sincera al responder a sus preguntas.
3. El señor Cascarudo siguió a Brunequilda por todas partes.
4. El señor Cascarudo aceptó por completo el informe del primer detective.
5. Los detectives británicos investigaron el pasado de Brunequilda y descubrieron muchos secretos amorosos.
6. El señor Cascarudo se sintió mal por haber acusado falsamente a Brunequilda.
7. Hacía dos años que Brunequilda se encontraba con un hombre en el parque.

B. Estudio de palabras

Antes de hacer las actividades en esta sección, estudie Ud. las siguientes palabras. Todas aparecen en la lectura.

Verbos
aguantar   to "stand," endure
burlarse (de)   to make fun (of)
engañar   to deceive
tomar por   to take as, consider

Expresiones
a pesar de   in spite of
dar un paseo   to take a walk, ride
ni siquiera   not even
ningún sitio   nowhere

Sustantivos
los apuntes   notes
la confianza   confidence, trust
el gasto   expense, cost
el informe   report; **informes** information
querido(a)   dear
la sonrisa   smile
el suspiro   sigh

1. Complete Ud. las siguientes definiciones con palabras de la lista de vocabulario.

   a. Una persona que tiene fe en los demás y siempre cree lo que le dicen es una persona llena de _____ .
   b. Hacer creer que algo falso (o malo) es verdadero (o bueno) es _____ .
   c. Una expresión que implica el acto de caminar, o de ir en coche o bicicleta para divertirse, es _____ .

2. Sustituya las palabras indicadas en la siguiente narración por las formas apropiadas de palabras de la lista de vocabulario.

La esposa celosa empleó a tres detectives, porque no pudo *tolerar* más la conducta de su marido. Sin embargo, él continuaba haciendo lo que quería, porque *consideraba* imbéciles a todos los detectives—*se reía de* ellos constantemente, y siempre contestaba a sus preguntas así: —No he ido a *ninguna parte* y no he hecho nada.

3. Complete la conversación que sigue con los equivalentes en español de las palabras inglesas, utilizando formas apropiadas de las palabras a la izquierda. Los verbos de esta lista están relacionados con sustantivos de la lista de vocabulario.

apuntar
confiar
gastar
informar
querer (ie)
sonreír (i,i)
suspirar
a pesar de
ni siquiera

—«Mi amor, yo sé que me _____ , pero _____ eso,
                              (love)   *(in spite of)*
no debes _____ tanto dinero comprándome cosas»,
            (spend)
_____ la mujer.
  (sighed)

—« _____ he empezado», _____ el hombre, «pero
    (not even)   *(smiled)*
no debes preocuparte. Yo sé que puedo _____ en ti, y por eso
                                          (trust)
te voy a _____ sobre el origen de mi fortuna: soy ladrón. ¿Te
          (inform)
cuento algunos detalles?»

—«Sí, pero espérate un momento», respondió le mujer, sacando cuaderno
y lápiz. «Debo _____ lo que dices . . . ¡es que soy detective!»
                (make note of)

4. Conteste las siguientes preguntas personales.

 a. ¿Cuáles son algunas cosas en el mundo que Ud. no puede aguantar? ¿Hay cosas que Ud. aguanta que la mayoría de sus amigos no puede aguantar?
 b. Imagínese que Ud. podría dar un paseo en cualquier parte del mundo. ¿Dónde lo haría? ¿Con quién?
 c. ¿Engañaba Ud. a sus padres cuando era joven? ¿Qué hacía para engañarlos? ¿Qué hacían ellos?

C. ¿Confía Ud. en los demás?

Don Serapio no confiaba mucho en Brunequilda. ¿Confía Ud. en los demás? Para investigar esto, indique con qué frecuencia las siguientes frases son—o podrían ser—verdaderas para Ud. (0 = nunca, 1 = a veces, 2 = por lo general, 3 = siempre). Luego, compare sus respuestas con las de un(a) compañero(a) de clase.

_____ 1. No cuento el cambio cuando compro algo.

_____ 2. Si tengo dinero y mis amigos lo necesitan, se lo presto.

_____ 3. No me preocupo cuando mi novio(a) va a tomar café con una persona del sexo opuesto.

_____ 4. Si no puedo estar en casa cuando instalan mi teléfono, no cierro la puerta con llave.

_____ 5. Cuando un amigo necesita usar mi coche, se lo presto.

_____ 6. No miro el registrador de galones y precio cuando compro gasolina.

_____ 7. No cubro el papel en que escribo cuando hago un examen.

_____ 8. No cierro mi coche con llave.

_____ 9. Si tengo la luz verde, cruzo la calle sin mirar para ver si hay algún coche.

_____10. Si un amigo quiere vivir en mi apartamento cuando yo estoy de vacaciones, se lo permito.

_____11. Cuando estoy en una nueva ciudad y una persona desconocida me ofrece un _tour_ especial de la ciudad, acepto dando las gracias.

_____12. Cuando un amigo que ya tiene diez de mis discos me pide otro, se lo presto.

_____13. Si hago un viaje de dieciséis horas con alguien que insiste en conducir todo el tiempo, duermo mucho sin preocuparme.

D. ¿Según quién?

En la lectura, sólo conocemos el punto de vista de don Serapio, no el de Brunequilda ni el del detective rechoncho. En la opinión de Ud., ¿cómo verían ellos los mismos sucesos (_events_) y circunstancias del cuento? ¿Saben algo que no han contado? Con un(a) compañero(a) de clase, haga una entrevista imaginaria con Brunequilda o con el detective para saber su punto de vista. Las siguientes preguntas pueden ser útiles durante la entrevista.

Preguntas para Brunequilda:
1. ¿Por qué va Ud. de paseo por la tarde? ¿Adónde va?
2. ¿Siempre se pasea sola? ¿Por qué?
3. ¿Ha conocido a alguien durante sus paseos?
4. ¿Cómo interpreta la reacción celosa de su esposo?
5. ¿Cómo se lleva con su esposo? ¿Qué tipo de persona es él?

Preguntas para el detective:
1. ¿Cómo conoció Ud. a don Serapio?
2. ¿Por qué decidió aceptar el contrato?
3. ¿Qué opinión tiene de don Serapio?
4. ¿Conoció a Brunequilda antes de empezar la investigación? ¿Después? ¿En qué circunstancia?
5. ¿Qué opinión tiene de ella?

E. Situaciones y soluciones

Cualquier persona podría encontrarse en situaciones como las que siguen. ¿Sabe Ud. lo que haría en ellas? Escoja una situación y, con un(a) compañero(a) de clase, invente la conversación que podría ocurrir.

1. Ud. va a encontrarse con su esposo(a) en el parque. Cuando llega, Ud. ve a una mujer (un hombre) que se va rápidamente de allí.
2. Ud. llega tarde a casa con el coche de sus padres. Ellos le preguntan por qué.
3. Su hermano le acusa de haber llevado *(having worn)* su camisa nueva. Ud. no lo hizo.
4. Su novio(a) cree que Ud. sale con otra persona.
5. Ud. trabaja en una oficina y cree que su secretaria lee las cartas personales de Ud.
6. Ud. tiene un problema y necesita emplear un detective.

F. Ud. es Ellery Queen

Imagínese que Ud. es autor(a) de cuentos de misterio. Cree Ud. un misterio breve para compartir con sus compañeros de clase. La siguiente lista de personajes, claves (*clues*), lugares y armas le ayudará a estructurar una trama (*plot*). Luego, sus compañeros de clase pueden tratar de resolver el misterio.

Personajes	Claves	Lugares	Armas
un hombre vestido de negro	un guante	el jardín	un cuchillo
una mujer vestida de blanco	un diamante	la cocina	una pistola
un abogado	un piano	la sala	un candelabro
el señor Montenegro	una corbata	el dormitorio	una bomba
la señora Montenegro	un gato	un estudio	¿_____?
una secretaria	una llave	un edificio público	
una criada	una carta	un palacio	
¿_____?	¿_____?	¿_____?	

DÍGAME

1. Cuando uno lee un cuento, por lo general tiene ciertas reacciones con respecto a los personajes. ¿Qué piensa Ud. de los personajes de este cuento?

   —¿Cuál de los personajes es el más simpático: don Serapio, Brunequilda o el detective vestido de verde? ¿Por qué?

   —¿Cuál es el menos simpático? ¿Por qué?

   —¿Conoce Ud. a algunas personas como las del cuento? Descríbalas.

2. Mucha gente considera la confianza en otros como una de las cualidades más importantes de una persona. ¿Qué piensa Ud.?

   —¿Cuándo es necesario confiar en otros? ¿Hay circunstancias en que es mejor no confiar en nadie? ¿Cuáles son algunas de estas circunstancias? Explique Ud.

En mi viejo San Juan

Guía para la lectura

As you begin to read a piece of creative writing such as the present selection, it is helpful to get acquainted as quickly as possible with the external structure of the reading. For example, the structure of the present reading includes three elements: the words of a song, the author's recollections of someone she once knew, and occasional asides in which the author addresses that person directly. As you will see, the song is the principal structural element: it provides the central thread around which the reading is organized, and serves as the vehicle which introduces, summarizes, and even interprets the other elements.

It is also helpful to note the narrative voice being used, that is, the point of view from which the story is being told. For example, the reading may be an apparently objective narration, told in the third person, or it may be the author's personal account of some experience or recollection, told in the first person. In the present reading, the author is relating a personal experience, and does so in the first person. However, on the occasions in which she speaks directly to the person about whom she is writing, she naturally utilizes second person narration.

Both the narrative voice and the structure of the reading, as well as the person(s) being addressed at any given point, can be identified if you are sensitive to certain linguistic cues and to any structural devices that the author has employed. Use the following questions to help you identify these cues and devices in the first few paragraphs of *En mi viejo San Juan*. (Answers are given after the last question.)

1. What helps you realize that the words of the song are not part of the narration itself?
2. What word(s) in the first line of the narration indicate(s) the point of view from which the facts are being recounted?
3. What is the first communication that the author addresses directly to the person whom she is remembering?
4. How do you recognize that communicative aside as such?
5. The next communicative aside begins, *¿Recuerdas ese día, doña Rosario?* How could you recognize it as such, even without the help of parentheses?

* * * * *

Respuestas:
1. They are physically set apart on the page.
2. The first person subject and verb, *yo oí.*
3. *Ay, doña Rosario, ¡qué torpe fui!*
4. By the use of the noun of direct address and the use of parentheses.
5. By the use of the noun of direct address and the use of the second person verb form.

«En mi viejo San Juan, cuando sueños forjé,°   I forged
    en mis noches de infancia,
Mi primera ilusión y mis cuitas° de amor   cares, troubles
    son recuerdos del alma.
5   Una tarde me fui hacia extraña nación,
    pues lo quiso el destino,
Pero mi corazón se quedó frente al mar,
    en mi viejo San Juan».

Fue en su casa donde yo oí por primera vez esa canción. Era lógico,
10 porque en esa casa se tocaba esa canción día y noche. Y yo nunca
comprendía por qué . . . por lo menos, no al principio.

Doña Rosario[1] vivía en el barrio latino de una ciudad grande de los
EE. UU. Como la persona de la canción, ella también había salido un
día de Puerto Rico, ya hacía años . . . nunca supe el porqué. Pero allí
15 se encontraba, en el centro de los EE. UU., con muchos parientes en
Nueva York y en otras ciudades de este país. Y sin embargo la oía
repetir a menudo,° «Comerío, Comerío».[2] (Ay, doña Rosario, ¡qué
torpe° fui!)

a . . . often

dull, stupid

«Adiós, adiós, adiós, Borinquen° querido,
20   tierra de mi amor;
Adiós, adiós, adiós, mi diosa del mar,
   mi reina del palmar.°
Me voy, pero un día volveré,°
   a buscar mi querer, a soñar otra vez,
25   en mi viejo San Juan».

Puerto Rico

reina . . . queen
of the palm
grove
I shall return

Yo ganaba la vida en esos días como trabajadora social bilingüe.
Conocí a doña Rosario porque un día me mandaron a su casa en busca
de una de las mujeres con quienes yo trabajaba—una mujer joven,

pobre . . . y encinta.° Mi trabajo era el de ayudar a las futuras madres [pregnant]
30 del barrio, asegurándoles el cuido° médico que necesitaban. Y aunque [care]
yo no lo sabía ese día, doña Rosario les ayudaba también—las acep-
taba en su casa, cuando sus propias familias las habían echado fuera.° [las . . . had thrown them out]
Y lo hacía desde hacía veinte años. (¿Recuerdas ese día, doña Rosario?
Yo me presenté a tu puerta y me identifiqué como trabajadora social.
35 Tu puerta estaba medio cerrada, y no quisiste abrírmela más. Te dije
que era amiga de Rafaela Rivera, y la puerta se abrió un poquito. Me
preguntaste por qué buscaba a esa chica, y te dije que para ayudarla.
Entonces—«¿Y Ud. habla español?» —«Sí, señora». Y se abrió por
completo la puerta y me dejaste pasar a la sala.)

40 Recuerdo bien esa casa humilde y pobre. Estaba situada en un
callejón sin salida,° y era grande, con muchas habitaciones . . . en las [callejón . . . dead-end street]
cuales siempre había alguien que necesitaba refugio. Al lado de la
casa siempre se veía cascajo,° no porque doña Rosario no cuidara° su [junk (*colloq.*)/ no . . . did not care for]
casa, sino porque todos los habitantes del barrio sabían que podían
45 dejar allí cualquier cosa hasta que la necesitaran° en el futuro—des- [might need]
pués de todo, doña Rosario siempre estaba allí. (¡Cómo me encantaba
tu casa, doña Rosario! Recuerdo sobre todo la cocina, donde me
recibías siempre después de la primera o segunda visita: la mesa
grande, en donde me sentaba para tomar el café que siempre había
50 . . . el paquete de Bustelo[3] siempre a la vista, junto con el salero° de [salt shaker]
achiote[4] . . . y en la estufa° los guineos,°[5] y el arroz y habichuelas°[5] . . .) [stove/small green bananas/ arroz . . . rice and beans]

Con el tiempo llegamos a gozar de una relación de mucha confianza
e intimidad, y durante dos años yo pasaba por su casa por lo menos
una vez a la semana. Ella me enseñaba a guisar°—a pelar guineos, a [to cook]
55 preparar bacalao°[5] y pasteles[5] . . . y nunca me dejaba salir de su casa [dried codfish]
sin algún plato típico que llevar a casa, a pesar de sus pocos recursos
personales, que dependían en gran parte de la ayuda del Departa-
mento del Bienestar° Público. Por mi parte, yo le llevaba pastelería° [Welfare/ pastries]
americana, que con veinte años en el país ella no la había aprendido
60 a preparar.

Tampoco había aprendido inglés—no le era necesario. Era reina
en su reino°—todos la conocían, la respetaban y la ayudaban. ¿Para [kingdom]
qué necesitaba el inglés? (¿Recuerdas cuando te vi en la casa de los
Rodríguez en la víspera del Año Nuevo, con toda esa gente más
65 acomodada° que tú? Te pregunté por qué estabas allí, y tú me con- [más . . . better off]
testaste—«Pues, tú sabes, mi querida—yo conozco a todos».)

Y siempre esa canción. Siempre la nostalgia por la Isla. «Islita, mi
Islita», decía. Poco a poco empecé a comprender la emoción con la
cual repetía esas palabras. Poco a poco ella me enseñó lo que era el
70 querer volver a la Patria, aunque para eso había trabajado ella durante
todos esos años: sólo para poder realizar su sueño de volver a tiempo
a su Isla.

«Pero el tiempo pasó, y el destino burló°   mocked
  mi terrible nostalgia,
75   Y no pudo volver al San Juan que yo amé,
  pedacito° de Patria».   little piece

Pasaron algunos años, y yo ya no vivía en esa ciudad, pero volvía
a visitar a doña Rosario por lo menos una vez al año. Hasta que llegó
el día en que fui a verla y no estaba. —«No, no 'ta⁶ aquí», me dijeron
80 sus vecinos. —«Se volvió a la Isla».

«Mi cabello° blanqueó° y mi vida se va,   hair/whitened
  ya la muerte me llama,
  Y no quiero morir alejado° de ti,   separated, far
  Puerto Rico del alma».   away from

85   Ya. Ya se había vuelto por fin. Sentí una mezcla° de alegría y tris-   mixture
teza. Conseguí su dirección y le escribí. Me contestó . . . pero con una
letra° que apenas° podía leer. Había estado muy enferma, me dijo.   handwriting/
Luego me mandó un pañuelo, un pañuelo muy viejo, de lienzo° bor-   scarcely
dado de encaje°—un recuerdo de ella, dijo. Volví a escribirle . . . y no   linen
90 contestaba.   lace
En las entrañas,° sabía por qué, pero tuve que confirmarlo, y   En . . . Deep
regresé una vez más a su antiguo barrio para hablar con sus vecinos.   down inside
Sí, era verdad: se había vuelto a su Isla . . . a tiempo.   (*lit.*, **entrañas** =
                                                                           intestines)

Notas lingüísticas y culturales

1. Doña Rosario is the fictional name of a real person.
2. Comerío is a small town in the east central part of Puerto Rico.
3. *Bustelo,* one of the most popular brands of Caribbean coffee, is
   widely sold in the United States, especially in areas with Cuban
   and Puerto Rican populations.
4. *Achiote* is the dried fruit of the annatto tree; when placed in oil,
   it gives the oil a reddish tint that both colors and flavors food.
5. *Guineos* are often boiled, then served drizzled with oil. They frequently accompany roast pork. *Arroz y habichuelas* are a mainstay
   in the Puerto Rican diet. The beans, typically the pinto or red
   bean, are prepared with generous quantities of a tomato-based
   sauce and served over the rice. *Bacalao* (codfish) is a common food
   in Puerto Rico; it is frequently served cold as *serenata de bacalao,*

a salad-like dish which also contains potatoes, raw onions, oil and spices. *Pasteles* are made by shredding plaintains and various root vegetables, and mixing the result with oil and *achiote* to form a pasty mass; small pieces of pork, potatoes, and green olives are often inserted into the center of this mass, which is then wrapped securely in a banana leaf before being boiled in water.

6. *'ta'qui* is colloquial for *está aquí.*

Actividades

A. ¿Comprende Ud.?

Basando su decisión en la lectura, decida si cada una de las siguientes frases es verdadera o falsa. Explique el porqué de cada decisión.

1. Doña Rosario pasó casi toda su vida en Puerto Rico.
2. Probablemente doña Rosario era de San Juan.
3. La autora conoció a doña Rosario como resultado de su trabajo.
4. Doña Rosario vivía sola en una casa grande pero humilde.
5. Doña Rosario y la autora llegaron a ser amigas muy buenas.
6. Doña Rosario era descendiente de una familia noble.
7. Después de haberse mudado *(having moved)* de allí, la autora perdió contacto con doña Rosario.
8. Cuando la autora recibió el pañuelo, sabía que doña Rosario había muerto.

B. Estudio de palabras

Antes de hacer las actividades de esta sección, estudie Ud. las siguientes palabras. Todas aparecen en la lectura.

Verbos
conseguir (i,i) *to get, obtain*
dejar *to allow*
depender (de) *to depend (on)*
guisar *to cook*
quedarse *to remain, stay*
soñar (ue) (con) *to dream (about)*

Adjetivos
extraño *strange, odd*
torpe *dull, stupid*

Sustantivos
el/la pariente(a) *relative*
el recuerdo *memory, remembrance*
el/la vecino(a) *neighbor*

Expresiones
apenas *barely, scarcely*
echar fuera *to throw out*
ganar la vida *to earn a living*
una vez (al año, a la semana, etc.) *once (a year, a week, etc.)*

1. ¿Qué palabras de la lista de vocabulario puede Ud. asociar con cada una de las siguientes palabras: barrio, tíos, cocina, trabajo?
2. ¿Cuáles son los antónimos de estas palabras: prohibir, irse, olvida?
3. Complete Ud. estas frases con las formas apropiadas de palabras de la lista a la izquierda.

conseguir
apenas
torpe
echar fuera
una vez
guisar

a. A veces mi hermano es tan _____ que no sabe dónde ha dejado su coche.

b. _____ tengo suficiente dinero para pagar los gastos de la casa.

c. La semana pasada, tuve que _____ a mi perro porque estaba destruyendo el sofá.

d. Tengo ganas de _____ un empleo en Nueva York como trabajadora social.

4. Complete las siguientes frases de una manera personal.

a. Las personas que dependen mucho de los demás . . . .
b. Una cosa extraña que me pasó una vez fue . . . .
c. Una vez a la semana (al año) yo . . . .
d. Frecuentemente sueño . . . .

C. Reminiscencias

Muchas veces asociamos las reminiscencias con los viejos, pero en realidad, todos somos capaces de pensar en lo pasado y de contar nuestros recuerdos. ¿Qué recuerdos tiene Ud. de alguna época de su pasado? ¿Qué recuerdos cree Ud. que va a tener en el futuro? ¿Qué tipos de recuerdos le gustaría tener?

D. Reflexiones de nuestros tiempos

Muchas veces el título y la letra de una canción reflejan cierto tema de la condición humana. Por ejemplo, la letra de «En mi viejo San Juan» ejemplifica el tema de la nostalgia y el amor por la patria. Piense Ud. en la música norteamericana de los últimos 40–50 años y trate de hacer lo siguiente:

1. Pensando en los títulos y la letra de algunas canciones contemporáneas, trate de identificar los temas que están reflejados en éllas. ¿Qué indican estos temas con respecto a nuestra sociedad?
2. La música muchas veces refleja la experiencia de una cultura o de una nación a través de los años. Por ejemplo, «We Shall Overcome» nos recuerda los años '60 y el movimiento por los derechos civiles. Identifique Ud. otra canción de los años '20 a '80 que por su título, su letra y su tema pueda considerarse un reflejo de su tiempo histórico. Explique su análisis.

E. ¿Quién es extranjero?

Por lo general la palabra *extranjero* evoca la imagen de un turista o inmigrante—una persona que ha llegado a un país desde otras tierras. Pero no es necesario ser de otro país para sentirse extranjero; uno puede sentirse así sin salir jamás de su propio país. Es decir, a veces el solo viajar a otra región, estado o pueblo basta para darnos la sensación de estar en «otro país»—en un lugar desconocido, con muy poco de lo familiar nuestro. Otras veces no es cuestión de salir de nuestra ciudad, sino de experimentar (*experience*) allí mismo otra cultura que la nuestra, o de encontrarnos en una situación social a la cual no estamos acostumbrados.

Piense Ud. en alguna ocasión en la cual Ud. se ha sentido extranjero(a) y coméntela con unos compañeros de clase. Primero, describa la situación: lo que pasó, cuándo y dónde. Luego conteste estas preguntas:

—¿Cómo se sentía Ud. durante esa experiencia? ¿Sabe por qué se sentía así?

—¿Cómo reaccionó Ud. ante esa experiencia? ¿Por qué? ¿Pudo hacer algo para disminuir sus sentimientos de enajenación (*alienation*)? Explíquese.

—¿Aprendió Ud. algo como resultado de esta experiencia? Explíquese.

—¿Sabía Ud. que la palabra *extranjero* sirve para traducir dos palabras en inglés: *stranger* y *foreigner*? ¿Tiene esto relevancia para lo que Ud. ya ha comentado arriba?

DÍGAME

1. Todos hemos conocido, aunque quizás sólo una vez en la vida, a una persona sumamente única o especial . . . alguien que nos ha dejado una impresión fuerte, inolvidable, que nos ha afectado de una manera muy honda y personal. Piense Ud. en tal persona de su pasado y luego, haga una de las siguientes actividades:

—Prepare un informe oral en el cual Ud. hace destacar (*stand out*) las características más notables de esta persona y por qué le ha impresionado o afectado tanto a Ud.

—Escriba Ud. un cuento corto usando los datos (*facts*) pertinentes a la relación entre esta persona y Ud. Incluya (entre paréntesis) un tipo de recordación personal en la cual Ud. se dirige directamente a él/ella. Refiérase a la lectura para un modelo.

2. A lo largo de la historia, muchas personas han emigrado de un país a otro en busca de una vida mejor. Otros individuos se han mudado dentro de su propia patria, buscando esa vida ideal. ¿Conoce Ud. a alguna de estas personas, por ejemplo:

—¿una familia que ha inmigrado a los EE.UU. de otro país?

—¿un(a) joven que ha salido de su casa en busca de una vida de independencia?

—¿alguien que ha salido de la ciudad en busca de la tranquilidad del campo?

—¿alguien que ha dejado su pueblo pequeño para ir a una ciudad grande en busca de un trabajo mejor o una vida más cosmopolita?

¿Cuál ha sido la experiencia de esta persona? ¿Ha sido positiva su experiencia? ¿Ha tenido algunos aspectos negativos, inesperados? ¿Está contenta esta persona con su vida nueva? Explique Ud.

En mi viejo San Juan   **183**

Vocabulario

This vocabulary contains all the words that appear in the text with the following exceptions: (1) identical cognates; (2) regular verb forms; (3) adverbs that end in **-mente;** and (4) common diminutives (**-ito, -ita**) and superlatives (**-ísimo, -ísima**).

Words beginning with **ch** and **ll** are found under separate headings, following the letters **c** and **l**, respectively. Similarly, words containing **ch, ll,** and **ñ** are placed alphabetically after words containing **c, l,** and **n.** For example, **coche** follows **cocina** and **año** follows **anuncio.**

If a verb has a stem change, such as **dormir—duerme, durmió,** the change is indicated in parentheses following the infinitive: **dormir (ue, u).** Similarly, verbs that have spelling changes in certain forms, such as **conocer—conozco,** show the change in parentheses: **conocer (zc).**

Irregular verb form entries are translated with subjects in parentheses, except for third person forms, which have a theoretical infinity of subjects.

Abreviations

adj	adjective		*pl*	plural
adv	adverb		*pp*	past participle
cond	conditional		*prep*	preposition
f	feminine (noun)		*pres*	present
imp	imperfect		*pret*	preterit
inf	infinitive		*pron*	pronoun
m	masculine (noun)		*sing.*	singular

A

a to; at; in; into; from; by

abajo below, underneath; down; **hacia —** downward

abandonar to abandon

abierto, -a *pp of* abrir + *adj* opened; frank; open

abogado, -a *m & f* lawyer

abordar to get on

abrigo *m* coat; **— midi** midi-coat

abrir to open; **— el grifo** to turn on (the gas, water, etc.); **— se paso** to make one's way through (traffic)

abuela *f* grandmother

abuelo *m* grandfather

abundancia *f* abundance

abundante abundant

aburrido, -a bored; boring

aburrimiento *m* boredom

aburrir to bore

abusar to abuse

abuso *m* abuse

acabar to finish, end; **— de** + *inf* to have just + pp; **—sele a uno** to run out of

acariciar to caress

acaso perhaps

accidente *m* accident

acción *f* action

acelerador *m* accelerator

aceptar to accept

acercar(se) (qu) to approach

aclarar to clarify, make clear

acomodado, -a well off

acompañar to accompany

aconsejable advisable

aconsejar to advise

acontecimiento *m* event, incident, occurrence

acordeón *m* accordion

acostar (ue) to put to bed; **—se** to go to bed

acostumbrar(se) to get used to

actitud *f* attitude

actividad *f* activity

activista *m & f* activist

activo, -a active

acto *m* act

actriz (*pl* actrices) *f* actress

actual current, present-day

acuaplanismo *m* surfing; **hacer —** to go surfing

acuático, -a aquatic

acuerdo *m* agreement; **estar de —** to be in agreement; **llegar a un —** to reach an agreement

acumular to accumulate, store

acusar to accuse

achiote *m* dried fruit of the annatto tree used as food flavoring

adaptación *f* adaptation

adaptar(se) to adapt (oneself)

adecuado, -a adequate

además moreover, besides; **— de** besides, in addition to

adiós goodbye

administración *f* administration, management

administrador, -a *m & f* administrator, banker

admiración *f* admiration

admitir to admit

adónde where (to)

adoptar to adopt

adoración *f* adoration, worship

adorar to worship, adore

adquirir (ie) to acquire

adrenalina *f* adrenaline

aéreo, -a *adj* air; **línea aérea** airline

afectar to affect, have an effect on

afeitadora *f* shaver

afeitar to shave; **máquina de —** shaver; **—se** to shave oneself

afeminado, -a effeminate

afición *f* love; **— a los toros** love of bullfighting

aficionado, -a *m & f* fan; amateur; *adj* fond (of)

afirmar to affirm, assert

afortunado, -a fortunate

agarrar to grab

agencia *f* agency

ágil agile, light

agitado, -a agitated

agosto *m* August

agradable pleasant, enjoyable

agradar to please

agresividad *f* aggressiveness

agrícola agricultural

agricultor *m* farmer

agricultura *f* agriculture

agrónomo, -a *m & f* agronomist, agriculture specialist

agua *f* water

aguantar to put up with, endure

ahí there

ahora now; **— bien** now then; **— mismo** right now

aire *m* air; **al — libre** in the open air, out of doors
aislado, -a isolated
aislamiento *m* isolation
ala *f* wing
alcanzar (**c**) to reach, catch up with
alegre happy
alegría *f* joy, merriment
alejado, -a separated, far away
algo *pron* something; *adv* somewhat
alguien someone, somebody
alguno, -a some, any; *pl* some; various; several; **de alguna manera** in some way, somehow
aliarse to align oneself
alimentación *f* diet, nourishment
aliviar to alleviate
alivio *m* relief
alma *f* soul, spirit
almacén *m* department store
almuerzo *m* lunch; mid-morning snack
alternativa *f* alternative, option
alto, -a tall; high; **en voz alta** out loud
alumno, -a *m & f* student
alza *f* rise, increase
allí there
amable nice, kind
amar to love
amarillo, -a yellow
ambicioso, -a ambitious
ambos, -as both
amenazar (**c**) to threaten
americano, -a *m & f & adj* American
amerindio, -a *m & f & adj* Amerindian, American Indian
amigo, -a *m & f* friend; **— lector** dear reader
amistoso, -a friendly
amor *m* love; darling, sweetheart
amoroso: **un fracaso —** a failure in love
amplificación *f* amplification (system)
anales *m pl* annals, records
análisis *m* analysis
analítico, -a analytical
analizar (**c**) to analyze
andar to walk
angélico, -a angelic
angustia *f* anguish, misery
animación *f* animation
animador, -a *m & f* entertainer; *adj* entertaining
aniversario *m* anniversary
ansiedad *f* anxiety, worry

ante in the presence of; before; **— todo** first of all, above everything else
antecedente *m* antecedent, ancestor
anteojos *m pl* eye glasses; **— para el sol** sunglasses
anterior previous, former
antes (**de**) before
anticonformista *m & f & adj* nonconformist
antigüedad *f* antique
antiguo, -a old, ancient, former
antónimo *m* antonym
anunciar to announce
anuncio *m* ad
añadir to add
año *m* year; **el — que viene** next year; **a los . . . —s** at the age of . . . years; **tener . . . —s** to be . . . years old
apagar (**gu**) to turn off, put out; **—se** to die out, go out (a flame, light)
aparato *m* aparatus, system
aparecer to appear, show up
aparente apparent
aparición *f* appearance; onset
apartado *m* post-office box
apartamento *m* apartment
apellido *m* surname, family name
apenas scarcely
aplicable applicable
aplicar (**qu**) to apply, put on
apoderarse (**de**) to seize
apreciar to appreciate, value
aprecio *m* esteem, appreciation
aprender to learn
aprendizaje *m* apprenticeship
apretar (**ie**) to press, squeeze
apropiado, -a appropriate
apuntar to jot down, write down
apunte *m* memorandum, note
aquel, -la that (over there); *pl* those
aquí here
árabe *m & f & adj* Arab
árbol *m* tree
arco *m* bow (of musical instrument)
argentino, -a *m & f & adj* Argentinian
arma *f* weapon
armado, -a armed
armonía *f* harmony
arqueológico, -a archeological
arquitecto *m* architect

arrancar (qu) to pull out, tear out; to start (as a car)

arreglar to repair, fix

arriba above

arriesgar to risk

arroz m rice

arte m & f art; bellas —s fine arts

artículo m article

artista m & f artist

artístico, -a artistic

asado, -a roasted, roast

asegurar to assure

así thus; in this way; like this

asiento m chair, seat

asignatura f subject

asistir (a) to attend

asociación f association

asociar(se) to associate, become associated

asombrado, -a astonished

asombrar to astonish

asombro m astonishment, amazement

aspecto m aspect

aspirar to aspire

astro m heavenly body

astronauta m astronaut

astronomía f astronomy

astronómico, -a astronomical

astuto, -a astute, cunning, sly

asunto m affair, matter

asustar to frighten; —se to be frightened

atacar (que) to attack

ataque m attack

atención f attention; llamar la — to attract attention

atentamente attentively

aterrizar (c) to land

Atlántico: el — the Atlantic Ocean

atleta m & f athlete

atlético, -a athletic

atmósfera f atmosphere

atormentar to torment

atracción: parque de —es amusement park

atractivo, -a attractive

atrapar to catch

atrás back; behind; para — back

atreverse (a) to dare

atropellado, -a m & f person who has been knocked down, run over

atropellar to knock down, run over

audiología f audiology, science of hearing

auditorio m auditorium; audience

aumentar to increase

aumento m increase, growth

aun even

aún still

aunque although

ausente absent

austero, -a austere, harsh

auténtico, -a authentic

auto m car

autobús m bus

automación f automation

automático, -a automatic

automóvil m car

autopsia f autopsy

autor, -a m & f author

autoridad f authority

autorizar (c) to authorize

autostop: hacer — to hitchhike

avaricia f covetousness

avejentar(se) (ie) to grow old before one's time

aventura f adventure

ávido, -a avid, eager

avión m airplane

ayer yesterday

ayuda f help; aid

ayudante m assistant

ayudar to help

ayuno m fast, abstinence

ayuno, -a fasting

ayuntamiento m city hall, municipal government

azteca m & f & adj Aztec

B

bacalao m codfish; serenata de — a saladlike dish that also contains potatoes, raw onions, oil, and spices

bacteria f bacterium

bachiller m degree earned upon completion of secondary school

bailar to dance

bailarín, -a m & f professional dancer

baile m dance

bajar to descend, go down, come down; to lower

bajo below; under

bajo, -a short; low
banco *m* bank
banda *f* band
bandera *f* flag
banquero *m* banker
banquete *m* banquet
bañarse to take a bath
baño *m* bath, bathroom
barba *f* beard
barco *m* boat, ship
barra *f* bar; — **de pan** loaf of bread
barrera *f* barrier; fence
barrio *m* district, neighborhood
basar to base
base *f* base, basis
básico, -a basic
básquetbol *m* basketball
bastante rather; a great deal; enough
bastar to be enough
batería *f* battery; drum set
baúl *m* trunk
beber to drink
bebida *f* drink, beverage
béisbol *m* baseball
belleza *f* beauty
bello, -a beautiful
beneficio *m* benefit
besar to kiss
bestia *f* beast
biblioteca *f* library
bicicleta *f* bicycle
bien well; very; **ahora** — now then; **pasarla** — to enjoy oneself, have a good time; *m* good, goodness
bienestar *m* welfare
billete *m* note; banknote; ticket
biográfico, -a biographical
biógrafo, -a *m & f* biographer
biología *f* biology
biológico, -a biological
blanco, -a white
blando, -a soft
blanquear to whiten
bloquear to block
blusa *f* blouse
boca *f* mouth
bocadillo *m* sandwich
bocina *f* horn
boda *f* wedding
bohemio, -a *m & f & adj* Bohemian

bolígrafo *m* ball-point pen
bomba *f* bomb
bombero *m* fireman; **coche de** —**s** fire engine
bonito, -a pretty
bordado, -a embroidered
bordo: a — **de** aboard
Borinquen *m & f & adj* Puerto Rico
bosque *m* woods, forest
bostezo *m* yawn
bota *f* boot
botánico, -a botanical
botella *f* bottle
boxeo *m* boxing
brazo *m* arm
breve short
brillante brilliant
británico, -a *m & f & adj* British
broma *f* (practical) joke
bruja *f* witch
brujería *f* witchcraft
Bruselas: coles de — Brussels sprouts
brutalidad *f* brutality
bueno, -a good; *adv* well then, well now; all right
burlarse (de) to make fun of, mock
busca: en — **de** in search of, looking for
buscar (qu) to look for

C

caballero *m* gentleman
caballo *m* horse; **a** — on horseback
cabello *m* hair
cada each, every; — **vez más** more and more
caer(se) to fall; **dejar** — to drop
café *m* coffee; coffee house, café
caída *f* fall, falling (out)
caído, -a fallen, dropped
caja *f* box, case; check-out counter
calcetín *m* sock
calcular to calculate
cálculo *m* calculation; calculus
calefacción *f* heating
calendario *m* calendar
calidad *f* quality
cálido, -a warm
caliente hot
calificar (qu) to rate, rank
calma *f* calm; **con** — calmly

calmante *m* sedative

calor *m* heat

caloría *f* calorie

calle *f* street

callejón *m* alley, lane; — sin salida dead-end
street

cama *f* bed

cámara *f* camera

camarero *m* waiter

camarón *m* prawn (a shrimplike seafood)

cambiar to change; — de opinión to change
one's mind; —se de casa to change houses,
move; —se de ropa to change clothes

cambio *m* change; en — on the other hand

caminar to walk

camino *m* road

camión *m* truck

camionero *m* truck driver

camisa *f* shirt

campeonato *m* championship

campesino, -a *m & f* farmer, peasant, country
person

camping: hacer — to go camping

campo *m* country, countryside, field; casa de —
country house; — deportivo sports field

canalla *f* scoundrel; mean, unworthy person

cancelar to cancel

canción *f* song

candela *f* candle

candelabro *m* candelabra

candidato, -a *m & f* candidate

canino, -a canine; hambre canina inordinate
hunger, canine appetite

cansarse to become tired

cantante *m & f* professional singer

cantar to sing

cantidad *f* quantity

capacidad *f* capacity

capaz (*pl* capaces) capable

capital: pecados —es deadly sins

capitán *m* captain

capítulo *m* chapter

captar to captivate; to collect; to capture

cara *f* face

carácter *m* character; nature, mood

característica *f* characteristic

carmelita *m & f & adj* Carmelite

carne *f* meat

carrera *f* race; course of study; career,
profession

carretera *f* highway

carta *f* letter; menu; card

cartel *m* sign; poster

casa *f* house; home

casado, -a married; recién — newlywed

casarse (con) to get married (to)

cascajo *m* junk, discarded furniture, etc.

casco *m* helmet

casi almost

caso *m* case; en todo — at all events, in any
case

caspa *f* dandruff

catarro *m* cold

catástrofe *f* catastrophe

católico, -a *m & f & adj* Catholic

catorce fourteen

causa *f* cause; a — de because of

causar to cause

caverna *f* cave, cavern

cazar (c) to hunt

ceder to yield, surrender

celebrar to celebrate

celebridad *f* celebrity

celeste celestial

celos *m pl* jealousy; tener — to be jealous

celoso, -a jealous

cementerio *m* cemetery

cena *f* supper, dinner

cenar to eat supper, to dine; — fuerte to eat a
large, heavy supper

cenicero *m* ashtray

centímetro *m* centimeter (approx. 2.54
centimeters = 1 inch)

centro *m* center, middle; downtown

centroamericano, -a *m & f & adj* Central American

cepillo *m* brush

cera *f* wax

cerca nearby; — de near

cercano, -a *adj* near

cerdo *m* pig; pork

ceremonia *f* ceremony

cerilla *f* match

cero zero

cerrar (ie) to close; — con llave to lock

cerveza *f* beer

cesar to cease

ciclismo *m* cycling; hacer — to cycle, go
bicycling

ciclista *m & f* cyclist

ciclo *m* cycle

cielo *m* sky; heaven
ciencia *f* science
científico, -a scientific
ciento one hundred; por — percent
cierto, -a certain; hasta — punto to a certain extent, up to a certain point
ciervo *m* deer; stag
cifra *f* number
cigarrillo *m* cigarette
cinco five
cincuenta fifty
cine *m* movie(s); moviehouse
cintura *f* waist
cinturón *m* belt; seatbelt
circunstancia *f* circumstance
cita *f* appointment; date
citar to cite, quote
ciudad *f* city
ciudadanía *f* citizenship
ciudadano, -a *m & f* citizen
civilización *f* civilization
civilizado, -a civilized
civilizador, -a civilizing
clarinete *m* clarinet
claro, -a clear; *adv* clearly, of course; — que naturally; — está of course; ¡— que sí! Of course!
clase *f* class, kind, type; sala de — classroom
clásico, -a classical
clavar to nail; to fix; — los ojos to stare
clave *f* key, clue
clérigo *m* clergyman
cliente *m & f* client, customer
cocina *f* kitchen; cookery
cocinar to cook
cocinero, -a *m & f* cook
cóctel *m* cocktail
coche *m* car; — de bomberos fire engine
coger (j) to catch; to get, take; to gore
cogida *f* gore, wound
cola *f* line (of people)
col: —es de Bruselas Brussels sprouts
colectivo, -a collective
colegio *m* school
colombiano, -a *m & f & adj* Colombian
colonia *f* cologne
columna *f* column
columnista *m & f* columnist
combate: aviones de — fighter planes
combatir to fight, combat

combinación *f* combination
combinar to combine
comentar to comment (on); to explain
comentario *m* commentary, comment
comenzar (ie) (c) to begin
comer to eat; dar de — a to feed; —se to eat up
comercial commercial
comercio *m* commerce; business; escuela de — business school
cometer to commit
cómico, -a comic, funny; historietas cómicas comics, comic strips
comida *f* food; meal; dinner
comienzo *m* beginning
comisaría police station
como as; like; such as; — de costumbre as usual; ¿Cómo? What?, How? ¡Cómo no! Of course!; tan(to) . . . — as . . . as
comodidad *f* comfort
cómodo, -a comfortable
compañero, -a *m & f* companion, friend
compañía *f* company
comparación *f* comparison
comparar to compare
compartir to share
competencia *f* competition
competir (i, i) to compete
complejo *m* complex
complejo, -a complex, complicated
completar to complete
completo, -a complete, full; por — completely
complicado, -a complicated, complex
complicar (qu) to complicate; —se to become complicated
componer (*like* poner) to compose
comportarse to behave; to act
composición *f* composition, composing
compra: hacer la — to do the shopping; hacer —s to go shopping
comprar to buy
comprender to understand; to comprise, include
comprensión *f* understanding
comprometerse to get involved
compuesto, -a *pp of* componer composed
común common; sentido — common sense
comunicación *f* communication
comunicar(se) (qu) to communicate
comunidad *f* community; desarrollo de la — community development

con with
conceder to concede; to grant; to give
conciencia *f* conscience
concierto *m* concert
concluir (y) to conclude
concreto, -a concrete, specific
condición *f* condition
conducir (zc) to drive; licencia de — driver's
    license
conducta *f* behavior
conductor, -a *m & f* driver
conectar to connect
conejo *m* rabbit
conexión *f* connection
conferencia *f* lecture; — telefónica long-
    distance phone call
confiado, -a trusting, unsuspicious
confianza *f* confidence, trust; tener — en to
    trust
confiar to confide; to trust
confidente *m & f* confident; confidante
conflicto *m* conflict, struggle
conformar(se) to conform; to resign (oneself)
confortar to comfort, console, cheer
congelado, -a frozen
congelar to freeze
conjunto *m* musical group
conocer (zc) to know, be acquainted with; to
    meet; —se (a sí mismo) to know oneself
conocido, -a (well) known
conocimiento *m* knowledge; perder — to lose
    consciousness
conquistar to conquer
consagrado, -a consecrated
consciente conscious, aware
consecuencia *f* consequence
conseguir (i, i) to obtain, get
consejo *m* advice
conservación *f* conservation, preservation
conservador, -a conservative
conservar to conserve, preserve, keep; —se to
    keep
consideración *f* consideration
considerar to consider
consistir (en) to consist (of)
consomé *m* consomme (a clear soup)
constitución *f* constitution
constituir (y) to constitute
construcción *f* construction
construir (y) to construct, build

consulta: la — del dentista the dentist's office
consultar to consult
consumidor, -a *m & f* consumer
consumo *m* consumption
contabilidad *f* accounting
contacto *m* contact; lentes de — contact lenses
contagioso, -a contagious, infectious
contar (ue) to count; to relate, tell
contemporáneo, -a contemporary
contento, -a happy, contented; pleased
contestar to answer
continuar to continue, go on
continuo, -a continuous
contra against; en — de against
contraer to contract; — enfermedad to contract,
    catch a disease; — matrimonio to marry
contraparte *f* counterpart
contrario, -a contradictory, opposite; en vía
    contraria the wrong way
contratar to make a contract with, to hire
contrato *m* contract
contribución *f* contribution
controlar to control
convencer (z) to convince
conveniencia *f* convenience
conveniente convenient
convento *m* convent
converger (j) to converge
conversación *f* conversation
conversar to converse, talk
convertir (ie, i) to convert, change; —se en to
    change into, become
convicción: la fuerza de las —es the strength of
    one's convictions
cooperación *f* cooperation
coordinación *f* coordination
coquetta *adj* coquettish; *f* coquette, flirt
corazón *m* heart
corbata *f* tie
cordero *m* lamb; — asado roasted lamb
corona *f* crown; halo
corporación *f* corporation
correcto, -a proper, correct
corredor, -a *m & f* runner
corregir (j) to correct
correo *m* mail, mail service
correspondencia: curso por — correspondence
    course
corresponder to correspond
corrida *f* bullfight; — de toros bullfight

corriente *f* current; ordinary

cortar to cut

corte *f* royal court

cortés courteous

corto, -a short, brief

cosa *f* thing; matter; **la — es que** the fact of the matter is that

cosmopolita cosmopolitan

costa *f* coast

costar (ue) to cost

coste *m* cost, expense

costo *m* cost

costumbre *f* custom

creación *f* creation

creador, -a *m & f* creator; *adj* creative

crear to create

crecer (zc) to grow

crédito *m* credit; **tarjeta de —** credit card

creencia *f* belief

creer to believe, think; **—se** to consider oneself; **— que sí** to think so

crema *f* cream

criado, -a *m & f* servant; maid

criar to raise

crimen *m* crime

cristiano, -a *m & f & adj* Christian

crónico, -a chronic

cruz *f* cross; **— Roja** Red Cross

cruzar (c) to cross

cuadro *m* chart

cual: el **—** who; which; **¿Cuál?** Which (one)?, What?

cualidad *f* quality, characteristic

cualquier(a) any; anyone at all

cuando when; **de vez en —** from time to time; **¿Cuándo?** When?

cuanto: en **—** as soon as; **¿Cuánto, -a?** How much? **¿Cuántos, -as?** How many?

cuarenta forty

cuarto *m* room, bedroom; quarter, fourth

cuarto, -a fourth

cuatro four

cubierta *f* cover; **— del motor** hood (of a car)

cubierto, -a *pp of* **cubrir** + *adj* covered

cubrir to cover

cuchillo *m* knife

cuello *m* neck

cuenta *f* account; bill; **darse — (de)** to realize; **tener en —** to keep in mind

cuento *m* short story

cuerda *f* cord, string; rope; **— floja** tightrope

cuerpo *m* body

cuestión *f* matter, question

cuestionario *m* questionnaire

cuidado *m* care; **¡Cuidado!** (Be) careful!

cuidar(se) to take care of (oneself)

cuido *m* care

cuita *f* grief, care, affliction, trouble

culpable guilty

cultivar to cultivate

cultivo *m* cultivation, farming

cultura *f* culture

cumpleaños *m sing or pl* birthday(s)

cura *f* cure

curar to cure

curioso, -a curious; strange, unusual

curso *m* course; **— por correspondencia** correspondence course

curvo, -a curved, bent

CH

champú *m* shampoo

Checoslovaquia Czechoslovakia

cheque *m* check

chica *f* girl

chico *m* boy

chimenea *f* chimney

chimpancé *m* chimpanzee

chino, -a *m & f & adj* Chinese

chocar (qu) to collide

chofer *m* driver; chauffeur

choque *m* collision

chuleta *f* chop

churro *m* French-fried strip of dough

D

dama *f* lady; noble or distinguished woman

danza *f* dance

dañar to harm, damage

daño *m* harm, damage

dañoso, -a harmful

dar to give; **— de comer** to feed; **— clases** to hold classes, teach; **— un paseo** to take a walk; **— miedo** to frighten; **—le ganas (de)** to feel like; **—se cuenta (de)** to realize; **¿Qué más da?** So what?

dato *m* fact

de of; from; about; concerning

debajo under, beneath; — de under, beneath; **pasar por — de** to walk under

deber to owe; to have to (must, should, ought); **—se (a)** to be owed to, to be a result of

débil *m & f* weak person; *adj* weak

década *f* decade

decente respectable, decent

decidir to decide

decir (i) to say, tell; **es —** that is to say; **querer — to mean**

declarar to declare; to explain

dedicar (qu) to dedicate; **—se (a)** to dedicate, devote oneself (to)

dedo *m* finger

defender(se) (ie) to defend (oneself)

defensa *f* defense

definición *f* definition

definitivo, -a definitive, final

degradante degrading

deidad *f* deity

dejar to leave; to allow, let; **— caer** to drop; **— de** to stop, cease

delante before, in front; **— de** ahead of, in front of

delgado, -a thin

deliberado, -a deliberate, intentional

delicado, -a delicate

delicioso, -a delicious

demás: los (las) — the rest; others

demasiado, -a too much; *pl* too many; *adv* too, too much

demostrar (ue) to demonstrate

dentífrica: pasta — toothpaste

dentista *m & f* dentist

dentro within; inside: **— de** within; inside of; in

departamento *m* department

depender (de) to depend (on)

deporte *m* sport

deportista *m & f* sportsman, sportswoman

deportivo, -a sporting, sports; **campo —** sports field

depresión *f* depression

derecha *f* right (side or direction); **a la —** to the right

derecho *m* right; law; **tener — a** to have the right to

desagradable disagreeable, unpleasant

desanimarse to become disheartened

desaparecer (zc) to disappear

desarrollo *m* development

desastre *m* disaster

desayunar(se) to have breakfast

desayuno *m* breakfast; **tomar el —** to eat breakfast

descalzo, -a barefoot

descansar to rest

descanso *m* rest

descendiente *m & f* descendant

desconectar to disconnect

desconfiado, -a distrustful

desconocido, -a unknown

describir to describe

descripción *f* description

descrito; -a *pp of* **describir** described

descubierto, -a *pp of* **descubrir** + *adj* discovered; uncovered

descubrimiento *m* discovery

descubrir to discover

desde from; since; **— que** since, ever since; **— siempre** always; **— . . . hasta** from . . . to

deseable desirable

desear to desire, wish, want

deseo *m* desire, wish

deshacerse (de) to get rid (of)

deshonesto, -a dishonest

desierto *m* desert

desierto, -a deserted

desigual unequal

desinflado: una llanta desinflada a flat tire

desinflar to let the air out of (a tire, balloon, etc.)

desorden *m* disorder

despertar(se) (ie) to wake up, awaken

después afterwards; later; then; **— de** after

destacarse (qu) to stand out

destino *m* destiny

destructivo, -a destructive

destruir (y) to destroy

desventaja *f* disadvantage

detalle *m* detail

detener(se) (*like* **tener**) to stop

detergente *m* detergent

deteriorar(se) to deteriorate

deterioro *m* deterioration

determinación *f* determination

determinar(se) to determine

detrás (de) behind

devolver (ue) to return (something)

devorar to devour

di *pret of* **dar (i)** gave

día *m* day; **hoy (en) —** nowadays; **de —** by day; **al — siguiente** (on) the following day; **todos los —s** every day

diablo *m* devil

diabólico, -a diabolical, devilish

diagrama *m* diagram

diálogo *m* dialogue

diamante *m* diamond

diario *m* diary; daily newspaper

diario, -a daily

dibujo *m* drawing

dice *pres of* **decir** say(s), tell(s)

dicen *pres of* **decir** say, tell

diciembre *m* December

dicho, -a *pp of* **decir** said

dieciséis sixteen

diecisiete seventeen

diente *m* tooth; **lavarse los —s** to brush one's teeth

dieta *f* diet

dietético, -a dietetic

diez ten

diferencia *f* difference

diferente different; various

difícil difficult; hard

dificultad *f* difficulty, problem

digo *pres of* **decir** (I) say, tell

dijo *pret of* **decir** said, told

diligente diligent

dimos *pret of* **dar** (we) gave

dinámico, -a dynamic

dinamitar to dynamite

dinero *m* money

dio *pret of* **dar** gave

dios *m* god; **Dios** God; **¡Por Dios!** For Heaven's sake!

diosa *f* goddess

dirección *f* address; direction; **cartel de — prohibida** one-way street sign

direccional directional; **luz —** turn signal

directo, -a direct

dirigir (j) to direct

disciplina *f* discipline

discípulo, -a *m & f* disciple; follower; pupil

disco *m* record

discoteca *f* discotheque

discreto, -a discreet

discriminación *f* discrimination

discurso *m* speech; **pronunciar un —** to make, give a speech

discusión *f* discussion

discutir to argue; to discuss

disminuir (y) to diminish, reduce, decrease

disposición *f* disposition

dispuesto, -a ready, prepared, disposed to

distancia *f* distance

distinción *f* distinction

distinguido, -a distinguished

distinguir to distinguish; to discern; to see clearly (at a distance)

distinto, -a distinct, different

distribución *f* distribution

diversión *f* diversion, amusement, entertainment

diverso, -a different, diverse; *pl* various, several, many

divertido, -a amusing, entertaining

divertirse (ie, i) to have a good time, amuse oneself

divinidad *f* divinity

divorciarse to be divorced, to obtain a divorce

divorcio *m* divorce

doblar to turn

doble double

doce twelve

doctrina *f* doctrine

documento *m* document

dólar *m* dollar

doler (ue) to hurt, ache

dolor *m* pain; grief

domesticador *m* trainer, tamer

domesticar (qu) to tame, domesticate

doméstico, -a domestic; **animal —** domestic animal, pet

domicilio *m* residence

dominar to dominate; to rule

domingo *m* Sunday

don Don (title of respect used before male names)

donde where; **¿Dónde?** Where? **¿Adónde?** Where (to)?

doña Doña (title of respect used before female names)

dormido, -a sleeping, asleep

dormir (ue, u) to sleep; **—se** to fall asleep; **— la siesta** to take a siesta, nap

dormitorio *m* bedroom

dos two

doy *pres of* **dar** (I) give
dramático, -a dramatic
duda *f* doubt; **sin —** doubtless, no doubt
dudar to doubt
dueño, -a *m & f* owner
dulce *adj* sweet; *m* sweet, candy
duplicar (qu) to double
durante during; for
durar to last
duro, -a hard, severe

E

e (*before* i *and* hi) and
ecología *f* ecology
economía *f* economics
económico, -a economic
echar to throw, toss; **— una siesta** to take a siesta, nap; **—se** to stretch out; lie down
edad *f* age, era, time
edificio *m* building
educación *f* education
educar (qu) to educate, instruct
educativo, -a educational
EE. UU. *abbrev for* **los Estados Unidos**
efectivo, -a effective
efecto *m* effect; **en —** in fact
egipcio, -a *m & f & adj* Egyptian
Egipto *m* Egypt
egoísmo *m* selfishness
egoísta selfish, self-centered
egotista egotistical
ejecución *f* execution
ejecutivo, -a executive
ejemplar exemplary
ejemplificar (qu) exemplify
ejemplo *m* example; **por —** for example
ejercicio *m* exercise
el the; **— que** he who
él he
elaborado, -a elaborate
elección *f* election
eléctrico, -a electric, electrical
electrónico, -a electronic
elegancia *f* elegance
elegante elegant, stylish
eliminación *f* elimination
eliminar to eliminate
elocuente eloquent
eludir to elude, avoid

ella she
ellos, -as they
emancipación *f* empancipation, liberation
embajador, -a *m & f* ambassador
embargo: sin — nevertheless, however
emerger (j) to emerge
emoción *f* emotion
emocional emotional
emocionante exciting
empezar (ie) (c) to start, begin
empleado, -a *m & f* employee
emplear to use; to employ, hire
empleo *m* employment; business; use
en in; into; on; upon; at
enajenación *f* alienation
enamorarse (de) to fall in love (with)
encaje *m* lace
encantar to delight
encarcelamento *m* imprisonment
encender (ie) to light
encierro *m* running of the bulls
encinta pregnant
encontrar (ue) to find; **—se** to be; to be found; **—se con** to come across, meet
enemigo, -a *m & f* enemy
energía *f* energy; **crisis de —** energy crisis
enérgico, -a energetic
enero *m* January
enfadado, -a angry
enfermarse to become sick
enfermedad *f* illness, disease
enfermo, -a *m & f* sick person; *adj* sick, ill
enfrente (de) opposite, in front (of)
engañador, -a deceiving
engañar to deceive
enojado, -a angry
enojar to anger; **—se** to become angry
enorme enormous
ensalada *f* salad
enseñar to teach; to show
entender (ie) to understand
entero, -a entire, whole, complete
entonces then
entrada entry; ticket (to movie, theater, etc.)
entrañas *f pl* innards; middle, center; **en las —** deep down inside
entrar to enter, go in
entre between; among
entremés *m* appetizer; **—es variados** assorted appetizers

entrenar to train
entrevista *f* interview
entusiasmado, -a enthusiastic
entusiasta *m & f* enthusiast; *adj* enthusiastic
envejecer (zc) to grow old
envejecimiento *m* aging; age, oldness
enviar to send
envidia *f* envy
episodio *m* episode
época *f* epoch, age, time
equipo *m* team
equivaler to be equivalent
era *imp of* ser was
era *f* epoch, age, time
eran *imp of* ser were
eras *imp of* ser (you) were
es *pres of* ser is; are
escala *f* scale
escalar to climb
escalera *f* ladder
escalofrío *m* shiver, shudder, chill
escándalo *m* scandal
escandinavo, -a *m & f & adj* Scandinavian
escapar(se) to escape
escoger (j) to choose
escolar: el año — the school year
esconder(se) to hide
escribir to write
escrito, -a *pp of* escribir + *adj* written
escritor, -a *m & f* writer
escritura *f* writing, handwriting
escuchar to listen (to)
escuela *f* school; — normal teacher training
   institution; — primaria elementary school;
   — secundaria high school; — técnica
   technical school; — de comercio business
   school
escultura *f* sculpture
ese, -a that; *pl* those
ése, -a that one; *pl* those
esnob *m & f* snob
esnobismo *m* snobbery, snobbishness
esnobista snobbish
eso that; that thing; that fact; a — de about; por
   — therefore, for that reason
espacio *m* space, room
España *f* Spain
español, -a *m & f* Spaniard; *adj* Spanish
espárrago *m* asparagus
especial special

especialista *m & f* specialist
especializado, -a specialized
especializarse (c) to specialize; to major
especie *f* species
específico, -a specific
espectador, -a *m & f* spectator
espejo *m* mirror
esperanza *f* hope
esperar to wait (for); to hope (for); to expect;
   — que sí to hope so
espíritu *m* spirit
esplendor *m* splendor
esposa *f* wife
esposo *m* husband
espuma *f* foam, lather
esquiar to ski
esquina *f* corner
esquizofrenia *f* schizophrenia
está *pres of* estar is, are
estable stable
establecer (zc) to establish; —se to establish or
   settle oneself
estación *f* season; station; — de servicio service
   station, gas station
estacionar to park
estadística *f* statistic
estado *m* state; condition
Estados Unidos United States
están *pres of* estar are
estándard *m* standard
estandarizar (c) to standardize
estar to be; to be present; to look, to taste; — de
   acuerdo (con) to agree (with); ¡Claro está!
   Of course!
estatura *f* stature, height (of a person)
este, -a this; *pl* these
éste, -a this (one); *pl* these
estéreo *m* stereo
estereotipo *m* stereotype
estilo *m* style
estimado, -a esteemed, dear
estirar to stretch
esto this; this thing; this matter
estómago *m* stomach
estornudar to sneeze
estornudo *m* sneeze
estrangular to strangle
estratégico, -a strategic
estrecho, -a narrow

estrella *f* star
estreno: película de — first-run movie
estricto, -a strict
estructurar to structure
estudiante *m & f* student
estudiar to study
estudio *m* study
estudioso, -a studious
estufa *f* stove
estupidez *f* stupidity, stupidness
eterno, -a eternal
Europa *f* Europe
europco, -a *m & f & adj* European
evidencia *f* evidence, proof
evidente evident, obvious
evitar to avoid
evolución *f* evolution
exacto, -a exact
exageración *f* exaggeration
exagerado, -a exaggerated
examen *m* examination
examinar to examine; —se to take an
   examination
excelencia *f* excellence; por — par excellence
excelente excellent
excepcional exceptional
excesivo, -a excessive
exclamar to exclaim
excursión *f* excursion, tour, trip
excusa *f* excuse, pretext
exeso *m* excess; en — excessively, in excess
exigir (j) to require; to demand
existir to exist
éxito *m* success; tener — to be successful
exotismo *m* exotism
expedito, -a speedy, prompt, quick
experiencia *f* experience
experimentar to experiment; to experience
experimento *m* experiment
experto *m* expert
explicación *f* explanation
explicar (qu) to explain
exponer (*like* poner) to expose, show
expresar to express; —se to express oneself
expresión *f* expression
exquisito, -a exquisite; delicious; excellent
extranjero, -a *m & f* stranger; foreigner; *adj*
   foreign
extraño, -a strange
extraordinario, -a extraordinary

extrasensorial: percepción — extrasensory
   perception, ESP
extravagante extravagant
extremo *m* highest degree; extreme
extrovertido, -a *m & f* extrovert; *adj* extroverted

F

fábrica *f* factory
fácil easy
facilidad *f* ease; facility
facilitar to facilitate, make easy
falso, -a false
falta *f* lack; absence; hacer — to be lacking, to
   be needed
faltar to be lacking; —le algo a uno to be
   lacking something
fama *f* fame, reputation
familia *f* family
familiar (pertaining to the) family
famoso, -a famous, well-known
fantasma *m* ghost, phantom, apparition
fantástico, -a imaginary, unreal, fantastic
farmacia *f* pharmacy
faro *m* headlight
fascinar to fascinate
fatalista fatalistic
fatiga *f* fatigue
fatigado, -a tired
fatigar (gu) to fatigue, tire
favor *m* favor; estar a — de to be in favor of;
   por — please
favorito, -a favorite
fe *f* faith
fecha *f* date
felicitar to congratulate
feliz (*pl* felices) happy
feminino, -a feminine
feminista *f* feminist
fenómeno *m* phenomenon
feo, -a ugly
fertilidad *f* fertility
ficción *f* fiction
ficticio, -a fictitious
fiesta *f* party; celebration; holiday
figura *f* figure
figurar to figure, appear
fijo, -a fixed
filete *m* fillet

filosofía f philosophy

fin m end; — de semana weekend; en — in short; por — finally

final m end; al — at last, at the end

financiero, -a financial

finca f farm

fino, -a fine, nice

firmar to sign

firmemente firmly

física f physics

físico, -a physical

fisiológico, -a physiological

flaco, -a thin

flamenco m type of Spanish music, dance

flan m baked custard

flauta f flute

flojo, -a lax, slack; la cuerda floja tightrope

folklor m folklore

folklórico: música folklórica folk music; cantante — folk singer

forjar to forge

forma f form, shape; way

formar to form; to constitute, make up

fortuna f fortune; good luck

foto f photo; sacar una — to take a photograph

fotografía f photograph

fotográfico, -a photographic

fotógrafo m photographer

frac m tails (formal attire)

fracaso m failure; un — amoroso a failure in love

fragmento m fragment, small part

francés, -a m & f French person; adj French

Francia f France

franco, -a frank, open, candid

franqueo m postage

frase f phrase; sentence

frecuencia f frequency; con — frequently

frecuente frequent

frenar to brake, stop

freno m brake

frente: — a facing, in the face of, in front of; en — de in front of, across from

fresco, -a fresh

frío m cold, coldness; hace — it's cold; tener — to be cold

frío, -a cold; indifferent, passionless

frito, -a fried

frotar to rub

frustrar to frustrate

fruta f fruit

fue pret of ir & ser went; was, were

fuego m fire

fuente f fountain; source

fuera out, outside; away; — de outside of, beyond

fueron pret of ir & ser went; were

fuerte strong; harsh; loud; heavy; un desayuno — a big breakfast; cenar— to eat a big dinner

fuerza f force; strength; la — de las convicciones the strength of one's convictions

fui pret of ir & ser (I) went; (I) was

fuimos pret of ir & ser (we) went; (we) were

fumar to smoke

funcionamiento m functioning

funcionar to function; to work, run (said of machines)

funerario, -a funeral

furioso, -a furious, angered, angry

fútbol m soccer; — (americano) football

futbolista m & f football or soccer player

futuro m future

G

gafas f pl glasses

galgo m greyhound

galón m gallon; registrador de —es meter (on gas pump)

gallo m cock, rooster; pelea de —s cock fight

gana f desire, will; darle —s a uno to feel like; tener —s (de) to feel like

ganar to gain; to win; to earn

garantizar (c) to guarantee

gasolina f gasoline

gastar to spend (money)

gasto m expense

gato, -a m & f cat

generación f generation

general: por lo — generally

generalización f generalization

generar to generate

género m kind; type; genre, literary form

genio m genius

gente f people

gentil polite, genteel

gentileza f courtesy, pleasantness

geográficamente geographically

geometría *f* geometry
globo *m* globe; earth; sphere; baloon
gloria *f* glory
gobernar (ie) to govern
gobierno *m* government
gordo, -a fat
gozar (c) (de) to enjoy
gracia *f* grace
gracias *f pl* thank you
grado *m* degree; **—s bajo cero** degrees below
    zero
graduación *f* graduation
graduarse to graduate
grafología *f* graphology, handwriting analysis
grafólogo *m* graphologist, handwriting expert
grafoterapia *f* graphotherapy
gran(de) large, big; great
grandeza *f* greatness, grandeur
grasa *f* grease, fat; oil
graso, -a oily
gratis free, gratis, for nothing
gratitud *f* gratitude
grave serious, grave
griego, -a *m & f & adj* Greek
gritar to shout
grito *m* shout, cry
grupo *m* group
guante *m* glove
guantera *f* glove compartment
guapo, -a good-looking, handsome, pretty
guardar to keep
guerra *f* war
guía *m & f* guide, leader, director; *f* guide;
    — para la lectura reading hint
guineo *m* a variety of banana
guisante *m* pea
guisar to cook
guitarra *f* guitar
guitarrista *m & f* guitarist, guitar player
gula *f* gluttony
gustar to like; to please; **— más** to prefer
gusto *m* pleasure; taste

H

ha *pres* of haber (you) have, has
haber to have (auxiliary)
había there was, there were; **— que** it was
    necessary to

habichuela *f* bean
habilidad *f* ability, skill, talent
habitación *f* room
habitante *m & f* inhabitant
hablar to talk, speak
habría *cond of* haber would have
hace: hace + *time expression* + *pret* ago;
    hace + *time expression* + **que** + *present*
    has . . . for . . .
hacer to make, to do; **— acuaplanismo** to go
    surfing; **— autostop** to hitchhike; **—**
    camping to go camping; **— la compra** to
    shop; **— falta** to be lacking, to be needed; **—**
    frío to be cold; **— una pregunta** to ask a
    question; **— un safari** to go on a safari; **—se**
    to become; **—se amigos** to make friends
hacia toward; **— abajo** down
hago *pres of* hacer (I) do,; (I) make
haitiano, -a *m & f & adj* Haitian
hambre *f* hunger; **tener —** to be hungry
hamburguesa *f* hamburger
han *pres of* haber have
haría *cond of* hacer would do, would have
has *pres of* haber (you) have
hasta until; **— que** until; **¿— qué punto?** to what
    extent?; **desde . . . —** from . . . to, until;
    — cierto punto up to a certain point, to a
    certain extent
hay there is, there are; **— que** + *inf* one must,
    it's necessary to
he *pres of* haber (I) have
hebreo, -a *m & f & adj* Hebrew
hecho *m* fact
hecho,-a *pp of* hacer + *adj* done; made
hemisferio *m* hemisphere; **— Occidental**
    Western Hemisphere
hemos *pres of* haber (we) have
herida *f* wound; injury
herido, -a wounded; hurt
herir (ie, i) to wound; to hurt
hermana *f* sister
hermano *m* brother
hermoso, -a beautiful
hibernación *f* hibernation
hielo *m* ice
higiene *f* hygiene, (health) care
hija *f* daughter
hijo *m* child; son
hipertensión *f* hypertension (high blood
    pressure)

hipnótico: estado — hypnotic state; trance

hispánico, -a *m & f & adj* Hispanic

Hispanoamérica *f* Spanish America

hispanoamericano, -a Spanish American

historia *f* history; story

histórico, -a historical; historic

historieta: —s cómicas the comics, the funny pages

hola hi, hello

hombre *m* man; mankind; **— de negocios** businessman; **— de mundo** man of the world

hombrecillo *m* a little man

homenaje *m* homage; **rendir —** to pay homage

hondo, -a deep

honrado, -a honorable, honest, just

honrar to honor

hora *f* hour; time

horario *m* timetable; schedule

horóscopo *m* horoscope

horror *m* horror; **¡qué —!** how horrible!

horrorizado, -a terrified

hoy today; **— (en) día** nowadays

humanidad *f* humanity; *pl* humanities, liberal arts

humanitario, -a humanitarian

humano *m* human being

humano, -a human; **ser —** human being

humilde humble

humo *m* smoke

humor *m* humor, mood; **de buen —** good-natured, in a good mood; **de mal —** ill-tempered, in a bad mood

humorístico, -a humorous

I

iba *imp of* **ir** was going, were going, used to go

íbamos *imp of* **ir** (we) were going, used to go

ida: de — **y vuelta** round-trip; **—s y venidas** comings and goings

idealista idealistic

identificar (qu) to identify

idiosincrasia *f* idiosyncrasy, peculiarity

idiosincrásico, -a idiosyncratic

iglesia *f* church

ignorancia *f* ignorance

igual equal, the same

igualdad *f* equality

ilegítimo, -a illegal; illegitimate

ilógico, -a illogical

iluminar to illuminate, light up

ilusión *f* illusion

imaginación *f* imagination

imaginar to imagine; **—se** to imagine, suppose

imaginario, -a imaginary, fictitious

imaginativo, -a imaginative

imbécil imbecile

impaciente impatient

impedir (i, i) to impede

implicar (qu) to imply

importado, -a imported

importancia *f* importance

importante important

importar to be important; to matter

imposible impossible

impresión *f* impression

impresionar to impress; to make an impression

improvisación *f* improvisation

impulsivo, -a impulsive

impulso *m* impulse

inagotable inexhaustible

incaico, -a *m & f & adj* Inca, Incan

inclinación *f* slant

inclinarse to lean; to slant

incluir (y) to include

inclusive including

incomodidad *f* inconvenience, nuisance, annoyance

incontrolable uncontrollable

inconveniencia *f* inconvenience

increíble incredible, unbelievable

incrementar to increase, augment

incremento *m* increase, increment

indeciso, -a undecided, indecisive

independencia *f* independence

independiente independent

indicación *f* indication; suggestion

indicar (qu) to indicate, point out

índice *m* index

indígena *m & f & adj* native

indio, -a *m & f & adj* Indian

indirecto, -a indirect

individuo *m* individual, person

industrializado, -a industrialized

inesperado, -a unexpected

inexplicable unexplainable

infantil infantile, childish

infeliz unhappy

infernal annoying, infernal
inflación *f* inflation
inflar to inflate
influencia *f* influence
influir (y) to influence
información *f* information
informar to inform
informe *m* report, statement
infracción *f* infraction, violation, misdemeanor
ingeniero *m* engineer; — aeronáutico
    aeronautical engineer
inglés, -a *m & f* English person; *adj* English
injusticia *f* injustice
injusto, -a unjust, unfair
inmediato, -a immediate
inmenso, -a immense
inmigrante *m & f & adj* immigrant
inmigrar to immigrate
innecesario, -a unnecessary
inocencia *f* innocence
inocente innocent
inolvidable unforgettable
insecto *m* insect
insistir (en) to insist (on)
insomnio *m* insomnia, sleeplessness
inspiración *f* inspiration
inspirar to inspire
instalación *f* installation; plant, factory
instalar to install
instante *m* instant, moment
instituto *m* institute, school
instrucción *f* instruction
instrumento *m* instrument
insultante insulting
intachable spotless
intelectual intellectual
inteligencia *f* intelligence
inteligente intelligent
intención *f* intention
intenso, -a intense
interés *m* interest
interesante interesting
interesar(se) to interest
interferencia *f* interference
intermedio, -a intermediate
internacional international
interno, -a internal
interpretación *f* interpretation
intérprete *m & f* interpreter
interpretar to interpret

interrumpir to interrupt
intersección *f* intersection
intervención *f* intervention
intervenir (*like* venir) to intervene
intimidad *f* intimacy; close relationship
íntimo, -a intimate, close
introvertido, -a introverted
intuitivamente intuitively
inventar to invent
invernal *adj* winter
investigación *f* investigation
investigador, -a *m & f* investigator
investigar (gu) to investigate
invierno *m* winter
invitación *f* invitation
invitar to invite
involuntariamente involuntarily
inyección *f* injection
ir to go; — a + *inf* to be going to; — de paseo
    to go for a walk; —se to go away; to leave;
    — de compras to go shopping
ira *f* anger, ire
irónicamente ironically
irresponsable irresponsible
isla *f* island
istmo *m* isthmus
italiano, -a *m & f & adj* Italian
izquierda *f* left; a la — on the left
izquierdo, -a left

J

jabón *m* soap
jamás never; not ever
jamón *m* ham
japonés, -a *m & f & adj* Japanese
jardín *m* garden; — zoológico zoo
jefe *m* boss; — del gobierno head of
    government
Jehová Jehovah
jersey *m* sweater
jiujitsu jujitsu
joven *m & f* young person; *adj* young
jubilación *f* retirement
jubilarse to retire
judía: —s verdes green beans
juego *m* game; sport; —s Olímpicos Olympic
    Games

jueves *m* Thursday
juez (*pl* **jueces**) *m & f* judge
jugador, -a *m & f* player
jugar (ue) (gu) to play (a sport or game); — **a las cartas** to play cards
juicio *m* judgment
julio *m* July
junto, -a joined, united; — **a** near to, close to; — **con** along with; —**s** together
justificar (qu) to justify
juvenil juvenile
juventud *f* youth

K

kilo *m* kilogram (approx. 2.2 lbs.)
kilogramo *m* kilogram (approx. 2.2 lbs.)
kilómetro *m* kilometer (approx. .62 miles)

L

la the; her, you, it
labio *m* lip
laboratorio *m* laboratory
laca *f* hair spray
lado *m* side; **al otro** — on the other side; **al** — **de** beside
ladrón, -a *m & f* thief
lago *m* lake
lamentar to lament, mourn
lámpara *f* lamp
langosta *f* lobster
langostino *m* crayfish
lanzar (c) to launch
largo, -a long; **de** — in length
las the; them, you
lástima *f* pity; — **que** (it's a) pity that; too bad that
lata *f* tin can; **comida de** — canned food
latino, -a Latin (Hispanic)
latinoamericano, -a *m & f & adj* Latin American
lavadora *f* washing machine
lavaplatos *m* dishwasher
lavar to wash; —**se los dientes** to brush one's teeth
le (to) him, her, it, you (polite)
leal loyal
lección *f* lesson

lector, -a *m & f* reader
lectura *f* reading; **guía para la** — reading hint
leer to read
legalizar (c) to legalize
legendario, -a legendary
legislación *f* legislation
legislar to legislate
lejos far; distant; — **de** far from
lengua *f* language
lenguaje *m* language
lentamente slowly
lente: —**s de contacto (blandas)** (soft) contact lenses
león *m* lion
les (to) them, you (polite)
letra *f* letter; handwriting
levantarse to get up
ley *f* law
liberación *f* liberation; — **femenina** women's lib
libertad *f* liberty
libra *f* pound (unit of British currency)
librarse to save oneself, free oneself
libre free; **tiempo** — free time; **al aire** — out-of-doors; **mercado al aire** — open-air market
librería *f* bookstore
libro *m* book
licencia *f* licence; — **de (para) conducir** driver's license
líder *m* leader
liderazgo *m* leadership
lidiar to fight (bulls)
lienzo *m* linen
ligero, -a light (not heavy)
limitar to limit
límite *m* limit
limón *m* lemon
limonada *f* lemonade
limpio, -a clean
lindo, -a pretty
línea *f* figure; line; — **de producción** production line
lingüístico, -a linguistic, pertaining to language
líquido, -a *adj* liquid
listo, -a clever, smart; ready
literatura *f* literature
litro *m* liter (approx. 1.1 quarts)
lo him, you, it; — **de** that business about; — **mismo** the same; — **que** what; — + *adj* the + *adj* + *thing*
local *m* place, site

loción *f* lotion
locomotora *f* locomotive
locura *f* madness
locutor, -a *m & f* (radio) announcer
lógica *f* logic; **con —** logically
lógico, -a logical
lomo *m* loin, back; **— de cerdo** pork loin
los the; them, you
lotería *f* lottery
lucha *f* fight, struggle
luego then; later
lugar *m* place
lujo *m* luxury
lujuria *f* lust
luna *f* moon
lunes *m* Monday
luz (*pl* **luces**) *f* light; **— direccional** turn signal

LL

llama *f* flame; **— del piloto** pilot light
llamada: una — telefónica a phone call
llamado, -a called, named
llamar to call; **— la atención** to attract attention; **—se** to be named, called
llanta *f* tire; **— de repuesto** spare tire; **— desinflada** flat tire
llave *f* key; piston; **cerrar con —** to lock
llegada *f* arrival
llegar (ue) to arrive; to reach; **— a ser** to become; **— a un acuerdo** to come to an agreement; **— a** + *inf* to succeed in
llenar to fill
lleno, -a full
llevar to carry; to take; to lead; to wear; to have spent (so much time); **—se bien (con)** to get along well (with)
llorar to cry
llover (ue) to rain
lluvia *f* rain

M

madera *f* wood; **tocar —** to knock on wood
madre *f* mother
maestro, -a *m & f* teacher; master
magia *f* magic
mal badly; ill; bad; *m* evil; **menos —** good thing, lucky

maleta *f* suitcase
malo, -a bad, evil; sick; **lo —** the bad part
Mallorca Majorca (island off the east coast of Spain)
mamá *f* mother, mama, mom
mandar to send; to order
manejar to drive
manera *f* manner, way; **— de vivir** way of life, life style; **de alguna —** in some way, somehow
manifestación *f* manifestation
manifestar (ie) to show
mano *f* hand; **a —** by hand; **hecho a —** hand-made
mantener (*like* **tener**) to maintain; to support
manuscrito *m* manuscript
mañana tomorrow; *f* morning
mapa *m* map
máquina *f* machine; **— de afeitar** shaver; **escribir a —** to type
mar *m* sea
maravilla *f* marvel, wonder
maravilloso, -a marvelous
marcar (qu) to mark
marciano, -a *m & f & adj* Martian
marido *m* husband
marino, -a marine; **azul —** navy blue
marisco *m* seafood
marquesa *f* marquise (a noblewoman)
martes *m* Tuesday
marxista *m & f & adj* Marxist
marzo *m* March
más more; most; **— bien** rather; **— o menos** more or less; **¿qué — da?** so what?
matar to kill; **—se** to kill oneself; to kill each other
matemáticas *f pl* mathematics
materia *f* subject matter
matrimonio *m* marriage; married couple
maya *m & f & adj* Maya, Mayan
mayo *m* May
mayonesa *f* mayonnaise
mayor greater; larger; older; greatest; largest; oldest
mayoría *f* majority
me me; to me; myself
mecánica *f* mechanics
mecánico *m* mechanic
mecánico, -a mechanical
medallón *m* medal, medallion
media *f* stocking

medianoche *f* midnight
mediante by means of
medicina *f* medicine
médico, -a *m & f* doctor
medida *f* measure
medio *m* means; **por — de** by means of
medio, -a half; average; middle; **en término —** in between, in the middle
meditación *f* meditation
meditar to meditate
mediterráneo, -a Mediterranean
mejor better; best
mejorar to improve
mencionar to mention
menor younger; smaller; slightest; **por la — causa** at the slightest provocation
menos fewer, less; least; **al —** at least; **— mal** good thing; lucky; **más o —** more or less; **ni mucho —** not by any means; **por lo —** at least
mente *f* mind
mentira *f* lie
menudo: a — often, frequently
mercado *m* market; **— al aire libre** open-air market
merecer (zc) to deserve, merit
merienda *f* a light snack, eaten around 6 P.M.
mes *m* month
mesa *f* table
meta *f* goal
metabolismo *m* metabolism
metálico, -a metallic
meter to put in; **—se en** to get into
metódicamente methodically
método *m* method
metro *m* meter (approx. 39.37 inches)
mexicano, -a *m & f & adj* Mexican
México *m* Mexico; **la Ciudad de —** Mexico City
mezcla *f* mixture
mezclar(se) to mix
mi my
mí me
miau *m* meow
microbiología *f* microbiology
midi: abrigo — midi-coat
miedo *m* fear; **tener —** to be afraid
miembro *m* member
mil (*pl* **miles**) thousand
militar military
milla *f* mile; **— por hora** miles per hour

millón million
millonario *m* millionaire
mini: vestido — mini-dress
minifalda *f* mini-skirt
mínimo, -a minimum; **no . . . en lo más —** not . . . at all; not . . . in the slightest
minuto *m* minute
mirar to look at
mismo, -a same; self; very; **a sí —** (to) oneself; **ahora —** right now; **lo —** the same thing
misterio *m* mystery
misterioso, -a mysterious
mitad *f* half
mito *m* myth; **— solar** myth related to the sun
mitología *f* mythology
moda *f* fashion, style; **de —** in style
modelo *m* model
moderación *f* moderation
moderno, -a modern
modesto, -a modest
modisto *m* designer
modo: de todos — at any rate
mola *f* hand-appliqued, decorative textile (Panama)
molestar to bother
momentáneo, -a momentary, temporary
momento *m* moment
monja *f* nun
monotonía *f* monotony
monseñor *m* Monsignor
montaña *f* mountain; **escalar —s** to go mountain climbing; **— rusa** roller coaster
montar to mount; **— a caballo** to mount, ride a horse
monte *m* mountain, mount
mordida *f* bribe
moreno, -a brunet, brunette
morir (ue,u) to die; **—se de hambre** to die of hunger, be starving
mostrar (ue) to show
motivo *m* motive
motocicleta *f* motorcycle
motor *m* motor; engine; **la cubierta del—** hood (of a car)
mover(se) (ue) to move
movimiento *m* movement
muchacho, -a *m & f* boy; girl
mucho, -a much, a lot of; *pl* many; *adv* much, a great deal
mudarse to move (change residence)

muerte *f* death

muerto, -a *pp of* morir + *adj* dead; *m & f* dead person

mujer *f* woman; wife; **emancipación de la —** women's lib

multa *f* fine, penalty

multiplicar (qu) to multiply

multitud *f* multitude, crowd

mundial *adj* world; **Serie —** World Series

mundo *m* world; **hombre de —** man of the world; **todo el —** everyone, everybody

museo *m* museum

música *f* music

músico, -a *m & f* musician

mutuo, -a mutual

muy very

N

nacer (zc) to be born; to originate

nacido, -a born

nacional national

nacionalidad *f* nationality

nada nothing; not anything; **de —** you're welcome; *adv* not at all

nadar to swim

nadie no one, nobody

naranja *f* orange

narración *f* narration

natalidad: **control de la —** birth control

nativo, -a native

nato, -a born

naturaleza *f* nature

Navarra Navarre (region in northern Spain)

Navidad *f* Christmas

necesario, -a necessary

necesidad *f* necessity; **por —** out of necessity

necesitar to need

negar (ie) (gu) to deny; **—se** to refuse

negativo, -a negative

negocio *m* business; **hombre de —s** businessman

negro, -a *m & f & adj* black

nene, -a *m & f* infant, baby

nervioso, -a nervous

ni nor; **ni . . . ni** neither . . . nor

niebla *f* fog, mist

nieve *f* snow

ninguno, -a no, none, not any

niñez *f* childhood

niño, -a *m & f* child; *pl* children

nivel *m* level

no *adv* not

nocturno: **club —** night club

noche *f* evening; night; **esta —** tonight

nombrar to name, appoint

nombre *m* name

nominar to nominate

nórdico, -a *m & f & adj* Nordic (of northern Europe), Norse

norma *f* norm

normal: **escuela —** teacher training institution

norteamericano, -a *m & f & adj* American

nos us; to, for, from us; ourselves

nosotros, -as we

nostálgico, -a nostalgic

nota *f* grade; note

notar to notice, note

noticia *f* news

novela *f* novel; **— policíaca** mystery (novel)

novio, -a *m & f* financé(e); boyfriend; girlfriend

nuestro, -a our

Nueva Orleans New Orleans

Nueva York New York

nueve nine

nuevo, -a new; **Año —** New Year

numérico, -a numerical

número *m* number

numeroso, -a numerous

nunca never, not ever

nutritivo, -a nutritious, nourishing, nutritive

O

o or; **o . . . o** either . . . or

obesidad *f* obesity

obesión *f* obsession

obispo *m* bishop

objetividad *f* objectivity

objetivo *m* objective, goal

objetivo, -a objective

objeto *m* object; **— volador no identificado (UFO)** unidentified flying object (UFO)

obligación *f* obligation

obligar (gu) to obligate

obligatorio, -a required, obligatory

obra *f* work

observación *f* observation

observador, -a *m & f* observer

observar to observe, watch
obsesionar to obsess
obstante: no — however, nevertheless
obtener (*like* tener) to obtain, get
occidental: Hemisferio — Western Hemisphere
occurir to occur; to happen; to take place
océano *m* ocean
octavo, -a eighth
ocuparse to occupy oneself
ocho eight
odómetro *m* odometer (instrument that measures distance traveled)
ofender to offend
oferta *f* offer
oficial official
oficina *f* office
ofrecer (zc) to offer
oído *m* (inner) ear
oigo *pres of* oir (I) hear
oir to hear
ojo *m* eye; clavar los —s to stare
oler (ue) to smell
olímpico: Juegos —s Olympic Games
olor *m* fragrance, smell
olvidar to forget
once eleven
opcional optional
oponer(se) (*like* poner) to oppose
opportunidad *f* opportunity
opresión *f* oppression
óptica *f* optics
optimista optimistic
opuesto, -a opposite
orden *m* order, sequence
ordenanza *f* ordinance, law
ordinario, -a ordinary
orgánico, -a organic
organismo *m* organism
organización *f* organization
organizar (c) to organize
orgullo *m* pride; tener — to be proud
orgulloso, -a proud
origen *m* origin
oro *m* gold
orquesta *f* orchestra
oscuridad *f* darkness
otoño *m* autumn, fall
otorgar (gu) to grant, give, award
otro, -a another, other; otra vez again

OVNI (objeto volador no identificado) unidentified flying object (UFO)
oxidado, -a out-of-shape
oxígeno *m* oxygen
oye *pres of* oir (you) hear(s)

P

paciencia *f* patience
paciente *adj* patient *m & f* patient
pacífico, -a peaceful; el — the Pacific Ocean
pacto *m* pact, agreement
padre *m* father; priest; *pl* parents
paella *f* paella (rice dish with chicken and seafoods)
pagar (gu) to pay (for)
página *f* page
pago: día de — pay day
país *m* country, nation
paisaje *m* landscape
palabra *f* word
palabrota *f* offensive word, swear word
palacio *m* palace
pálido, -a pale
Palma (de Mallorca) capital of Spanish island of Majorca
palmar *m* palm grove
pamplonés, -a *m & f & adj* person from Pamplona, Spain
pan *m* bread
Panamá: Canal de — Panama Canal
panameño, -a *m & f & adj* Panamanian
pánico *m* panic, fright
pantalón *or* pantalones *m* pants
pañuelo *m* handkerchief
papá *m* father, papa, dad
papel *m* paper; role
paquete *m* pack, package
par *m* pair
para for, in order to
paracaidismo *m* parachuting; — deportivo, — de sport skydiving
parachoques *m* (car) bumper
paraíso *m* paradise, heaven
paralizado, -a paralyzed
parar(se) to stop
parecer (zc) to seem, appear
parecido, -a similar

pared *f* wall

pareja *f* pair, couple

paréntesis *m* parenthesis

pariente, -a *m & f* relative

parque *m* park; — de atracciones amusement park

parte *f* part; por otra — on the other hand; por todas — everywhere

participar to participate

partido *m* game, match

pasadita: dar una — to run over

pasado *m* past

pasado, -a past; el año — last year

pasajero, -a *m & f* passenger

pasar to pass; to pass by; to happen; to spend (time); —la bien to have a good time; — por debajo de to walk under; ¿Qué pasa? What's going on? What's the matter? What's happening?

pasatiempo *m* pastime, amusement

pasear(se) to take a walk; — en bicicleta to go bike riding; — en trineo to go sleigh riding; to go sledding

paseo *m* walk; ir de —, dar un — to take a walk

paso *m* passage

pasta: — dentífrica toothpaste

pastel *m* pastry

pastelería *f* pastries; pastry shop

pastilla *f* pill

pata *f* foot or leg (of an animal)

patata *f* potato; —s fritas french fries

patinar to skate

patria *f* fatherland, native land

patriotismo *m* patriotism

patrón, -a *m & f* patron, patroness; boss

paz *f* peace

P.D. (post data) P.S.

peatón, -a *m & f* pedestrian

pecado *m* sin; los siete —s capitales the seven deadly sins

pedazo *m* piece

pedir (i, i) to ask for, request; to order (food)

peinarse to comb one's hair

peine *m* comb

pelar to peel

pelea *f* fight; quarrel; — de gallos cockfight

pelear to fight

película *f* film, movie; — de estreno first-run movie

peligro *m* danger

peligroso, -a dangerous

pelo *m* hair

pensamiento *m* thought

pensar (ie) to think; — de to think of; — en to think about; — + *inf* to plan; to intend

pensativo, -a pensive, thoughtful

peor worse; worst

pequeño, -a small, little

percepción: — extrasensorial extra-sensory perception (ESP)

perceptivo, -a perceptive

perder (ie) to lose; to ruin; — conocimiento to lose consciousness

pérdida *f* loss

perdonar to pardon

pereza *f* laziness, idleness

perfección *f* perfection

perfecto, -a perfect

perfumar to perfume

periódico *m* newspaper

periódico, -a periodic, periodical

periodista *m & f* journalist

período *m* period

permitir to permit, allow

pero but

perro, -a *m & f* dog

persona *f* person

personaje *m* character (literary); important person

personalidad *f* personality

pesar: a — de in spite of

pesca: ir de — to go fishing

pescado *m* fish

pescar (qu) to fish; — un taxi to find, catch a taxi

peseta *f* monetary unit of Spain

pesimista pessimistic

peso *m* monetary unit of several Spanish-American countries; weight

petrificado, -a petrified

petróleo *m* petroleum

pianista *m & f* pianist

pie *m* foot; a — on foot, walking

piel *f* skin

pierna *f* leg

pijama *m or f* pyjamas

píldora *f* pill

piloto *m* pilot

pintar to paint

pintor, -a *m & f* painter
pintoresco, -a picturesque
pintura *f* painting
pirata *m* pirate
piscina *f* swimming pool
piso *m* floor (story of a building); apartment
pistola *f* pistol
pistón *m* valve (on trumpet)
pizarra *f* (black)board
placa *f* licence plate
planchar to iron
planear to plan
planeta *m* planet
planta *f* plant
plantar to plant
plato *m* plate; dish
platónico, -a platonic; spiritual; idealized
playa *f* beach
plaza *f* square, plaza; — **de toros** bullring
población *f* population; town, city
pobre poor
pobreza *f* poverty
poco, -a little; *pl* few, not many; — **a** — little by
    little; *adv* a little
poder *m* power
poder (ue) to be able; can
poema *m* poem
poesía *f* poetry; poem
poeta *m* poet
poético, -a poetic
poetisa *f* poetess
policía *m & f* police officer; *f* police (force)
policíaco: novela —**a** mystery (novel)
politécnico, -a polytechnic, polytechnical
política *f* politics
político *m* politician
político, -a political
pollo *m* chicken
poner to put; to place; to turn on; —**se** to put
    on; —**ser** + *adj* to become
pongo *pres of* **poner** (l) put (on)
popularidad *f* popularity
por for; by; through; around; on account of; for
    the sake of; per; — **eso** for that reason; that's
    why; — **lo tanto** therefore
porcentaje *m* percentage
porosidad *f* porosity, porousness
porqué *m* reason
porque because; ¿**por qué?** why?
poseedor, -a *m & f* possessor, owner

posesión *f* possession
posesor, -a *m & f* possessor, owner
posibilidad *f* possibility; opportunity
posible possible
posición *f* position
postre *m* dessert
potencia *f* (a political) power
práctica *f* practice; —**s de laboratorio** lab
    sessions
practicar (qu) to practice
práctico, -a practical
precaución *f* precaution
precio *m* price
precipitar to precipitate, fall
precisamente precisely
precolombino, -a pre-Columbian
precoz (*pl* precoces) precocious, advanced in
    intellectual development
precursor, -a *m & f* forerunner, precursor
preferencia *f* preference
preferido, -a preferred, favorite
preferir (ie, i) to prefer
pregunta *f* question; **hacer una** — to ask a
    question
preguntar to ask (a question)
prehistórico, -a prehistoric
premio *m* prize
prenda *f* garment, article of clothing; —**s de**
    agua rainwear
preocupación *f* preoccupation, worry
preocupado, -a concerned, worried
preocupar(se) (por) to worry (about)
preparación *f* preparation
preparar to prepare
preparativo *m* preparation
presencia *f* presence
presentación: — **personal** personal appearance
presentar to present; to introduce; —**se** to
    present oneself; to offer one's services
presente present
presidente *m* president; chairman
presión *f* pressure
prestar to loan; to provide
presumido, -a presumptuous, arrogant
presupuesto *m* budget
pretencioso, -a pretentious
pretender to try
prever (*like* **ver**) to foresee, predict
previsible predicted
previsión *f* prediction

primario: escuela primaria elementary school

primavera f spring

primero, -a first

primitivo, -a primitive

principio m beginning; al — in the beginning, at first

prisa f haste; tener — to be in a hurry

prisión f prison

privilegio m privilege

probabilidad f probability

probar (ue) to try (out); to prove

problema m problem

procesión f procession

proceso m process

producción f production; línea de — production line

producir (zc) to produce; to cause

producto m product

produjeron pret of producir produced

profesión f profession

profesional m & f & adj professional

profesor, -a teacher, professor

profundo, -a profound, deep

progenie f progeny, offspring

programa m program

progreso m progress

prohibido, -a prohibited, forbidden

prohibir to prohibit

prolongar (gu) to prolong

promedio m average

promoción f promotion

promover (ue) to promote

pronto soon, quickly; de — suddenly

pronunciar to pronounce

propiedad f property

propio, -a (one's) own

proporción f proportion

propósito m aim; purpose

prosa f prose

protección f protection

proteger (j) to protect

protesta f protest

prototípico, -a prototype, prototypical

proveer to provide

provincia f province

provocar (qu) to provoke

próximo, -a next

proyectar to project

proyecto m project

prudencia f prudence, wisdom

prudente prudent, cautious, wise

psicología f psychology

psicológico, -a psychological

psicólogo, -a m & f psychologist

psicosocial psycho-social

psiquiatra m & f psychiatrist

pta. abbrev for peseta, unit of currency in Spain

publicación f publication

publicidad f advertising, publicity

público, -a public

pude pret of poder (I) was able to, succeeded in

pudieron pret of poder were able to, succeeded in

pudiste pret of poder (you) were able to, succeeded in

pudo pret of poder (you) was, were able to, succeeded in

pueblo m town, city; people (of a region, nation, culture)

puente m bridge

puerta f door

pues well; — bien now then

puesto pp of poner placed, put; — que because, since; m job, position

¡pum! bang

punto m point; a — de on the verge of; about to; — de vista point of view; hasta cierto — to a certain point, extent; ¿hasta qué —? to what extent?

puntuación f punctuation; score, points

puro, -a pure

pusieron pret of poner put

pusimos pret of poner (we) put

Q

que who; which; that; el — he who; lo — what; that which; mas . . . que more . . . than; ¿qué? what?, which? ¿qué más da? so what? ¿para qué? what for? for what purpose?

quedar(se) to remain, stay; no queda más remedio que nothing else can be done except

quemar to turn

querer m love

querer (ie) to want, wish; to love; — decir to mean; — es poder where there's a will, there's a way

querido, -a dear; loved, beloved
queso *m* cheese
quien who, whom; **¿quién?** whom? **¿de quién?** whose
químico, -a *adj* chemical
quince fifteen
quinto, -a fifth
quisiera I would like
quitar to remove, take away; **—se** to take off
quizá(s) perhaps, maybe

R

radiación *f* radiation
radiador *m* radiator
radiofónico, -a radio, via radio
rama *f* branch
rapidez *f* speed, rapidity
rápido, -a fast, rapid *adv* rapidly, quickly
ráquetbol *m* racketball
rasgar(se) to split, lacerate
rata *f* rat
ratón *m* mouse
rayo *m* ray
raza *f* race; **— humana** human race
razón *f* reason
reacción *f* reaction
reaccionar to react
realidad *f* reality; **en —** actually, in fact
realista realistic
realizar (c) to fulfill, realize; to carry out
realmente actually, really
rebelión *f* rebellion, revolt
recalentarse (ie) to become overheated
recibir to receive
reciente recent
recoger (j) to gather (up), pick up
recomendar (ie) to recommend
reconocer (zc) to recognize; to acknowledge
reconocimiento *m* recognition
recordar (ue) to remember; to recall
recreación *f* recreation
recreo *m* recreation; amusement
recuerdo *m* memory
recuperar(se) to recuperate
recursos *m pl* resources
rechoncho, -a chubby
redimir to redeem
reducir (zc) to reduce

referir(se) (ie, i) to refer
refinado, -a refined
reflejar to reflect
reflejo *m* reflection
reflexión *f* reflection
refrán *m* proverb, saying
refrigerador, -a *m & f* refrigerator
refugio *m* refuge
regalo *m* gift, present; **— de Navidad** Christmas present
regatear to bargain, haggle
regateo *m* bargaining, bartering
régimen *m* diet
registrador *m* register; **— de galones (de litros)** meter (on gas pump)
registrar to register
regla *f* rule
reglamento *m* regulation, ordinance
regresar to return
regulación *f* regulation, rule
reina *f* queen
reinar to reign
reino *m* kingdom
reírse (i, i) (de) to laugh (at)
relación *f* relation; relationship
relacionar to relate; **—se** to be related
relatar to relate, narrate, report
relativamente relatively
relatividad *f* relativity
religioso, -a *m & f* member of a religious order; *adj* religious
reloj *m* watch; clock
remar to row
remedio *m* remedy, cure; **no queda más — que** nothing else can be done except
reminiscencia *f* reminiscence
remordimiento *m* remorse, price of consciousness
remoto, -a remote
rendir (i, i) render; **— homenaje** to pay homage
repente: de repente suddenly
repercusión *f* repercussion
repetir (i, i) to repeat
representar to represent
república *f* republic
repuesto: llanta de — spare tire
requerir (ie, i) to require
reservado, -a reserved, reticent
residencia *f* residence
resignación *f* resignation

resistir to resist
resolver (ue) to solve, resolve
respecto: con — a with respect to, with regard
 to
respetar to respect
respeto m respect
respirar to breathe
responder to respond, answer
responsabilidad f responsibility
responsable responsible
respuesta f answer, response
restablecer (zc) to re-establish
restaurante m restaurant
resto m rest, remainder
resucitar to revive
resultado m result, consequence
resultar to result; to be
resumen m summary; en — in short; summing
 up
resurrección f resurrection
retirarse to withdraw, retreat, retire
retrato m portrait, picture
reunión f meeting
reunirse to get together, meet, assemble
revelar to reveal
revista f magazine
revolución f revolution
revolucionario, -a m & f & adj revolutionary
rey m king
rico, -a rich, wealthy; delicious; m & f rich
 person
riesgo m risk
rígido, -a hard, rigid
riguroso, -a rigorous
riñón m kidney
río m river
riqueza f wealth, riches
ritmo m rhythm
rito m rite, ceremony
robar to steal, rob
robusto, -a robust
rodear to surround
rojo, -a red; Cruz Roja Red Cross
romántico, -a romantic
romper(se) to break
ropa f clothes
rosado, -a rosy
rotura f breakage, breaking
rubio, -a blond, blonde
ruido m noise

ruina f ruin
ruso, -a m & f & adj Russian; montaña — roller
 coaster
ruta f route
rutina f routine
rutinario, -a routine

S

sábado m Saturday
saber to know; to know how, be able
sabor m taste, flavor; pleasure, zest
sabueso m bloodhound
sacar (qu) to take out, pull out; — fotos to take
 pictures
sacerdote m priest
sacrificar(se) (qu) to sacrifice (oneself)
sacrificio m sacrifice
sagrado, -a sacred
sala f living room; room; — de clase classroom
salario m salary
salero m salt shaker
salgo pres of salir (I) go out, leave
salida f exit
salir to go out; to leave; to come out; — bien to
 come out well, to receive a good grade
salmo m psalm
salud f health; ¡—! Bless you!, Gesundheit!
saludar to greet
salvación f salvation
salvavidas m lifeguard
sangre f blood
sano, -a healthy; — y salvo safe and sound
santo, -a m & f saint; día del — saint's day
sardina f sardine
sargento m sergeant
sátira f satire
satisfacción f satisfaction
saxófono m saxophone
se (to) him, her, it, you, them; yourself, himself,
 herself, oneself, yourselves, themselves; one
sé pres of saber (I) know (how to)
sea: o — that is to say
secadora f dryer; — de pelo hairdryer
seco, -a dry
secretariado m secretarial studies; escuela de
 — secretarial school
secretario, -a m & f secretary
secreto m secret

secundario: escuela secundaria high school
seguidor, -a *m & f* follower
seguir (i, i) to follow; to continue, go on
según according to
segundo, -a second
seguramente certainly, surely
seguridad *f* safety, well-being, security
seguro, -a sure, certain; — **que sí** sure, certainly
seguro(s) *m* insurance
seis six
seiscientos, -as six hundred
selección *f* selection
seleccionar to select, choose
selecto, -a select, choice; excellent
selva *f* jungle, forest
sello *m* stamp
semana *f* week; **fin de** — weekend
semanal weekly
semejante similar
senador, -a *m & f* senator
sencillo, -a simple, easy
sensación *f* sensation; feeling, emotion
sensible sensitive
sentarse (ie) to sit down
sentido *m* sense; — **común** common sense; — **de aventura** sense of adventure
sentimiento feeling, sentiment
sentir (ie, i) to feel; to regret; —**se** to feel
señor *m* Mr.; gentleman
señora *f* Mrs.; woman
señorita *f* Miss; young lady
separado, -a separated
separar(se) to separate (oneself)
séptimo, -a seventh
ser to be; — **humano** human being; **llegar a** — to become
serie *f* series; — **Mundial** World Series
seriedad *f* seriousness
serio, -a serious
serpiente *f* serpent, snake
servicio *m* service; **estación de** — service station, gas station
servir (i, i) to serve; to be of use; — **de** to serve as
setenta seventy
seudónimo *m* pseudonym, pen name
severo, -a strict; severe
seviche *m* dish made of marinated fish
sexo *m* sex

si if; whether
sí yes; oneself; yourself, himself, herself, themselves; — **mismo** oneself, etc.
siempre always
siesta *f* siesta, nap
siete seven
siglo *m* century
significar (qu) to mean, signify
signo *m* sign
siguiente following, next
silla *f* chair
simbolizar (c) to symbolize
simpático, -a pleasant, nice
simplificado, -a simplified
simultáneo, -a simultaneous
sin without; — **embargo** however, nevertheless
sinceridad *f* sincerity
sincero, -a sincere
sino but
sinónimo *m* synonym
sinvergüenza *m* scoundrel
siquiera: ni — not even
sirena *f* siren
sistema *m* system
sistemático, -a systematic
sitio *m* place
situación *f* situation
situar to situate
soberbia *f* pride, arrogance
sobre on; above; about; — **todo** especially, above all
sobrecargado, -a overloaded
sobrehumano, -a superhuman
sobresalir to stand out
sobrevivir to survive
sobrina *f* niece
sobrino *m* nephew
sobrio, -a sober, dignified
sociedad *f* society
sociología *f* sociology
sofisticado, -a sophisticated
sol *m* sun
solamente only
solar solar, of the sun
soldado *m* soldier
solicitar to apply for, to ask for
solitario, -a lonely
solo, -a alone
sólo only; just

solomillo *m* steak

soltero, -a single, unmarried; *m & f* unmarried person

solución *f* solution

sombra *f* shadow

sombrío, -a dark, gloomy, overcast

somos *pres of* **ser** (we) are

son *pres of* **ser** are

sonar (ue) to sound; to ring

sonido *m* sound

sonreír (i, i) to smile

sonriente smiling

sonrisa *f* smile

sor Sister (of a religious order)

sordo, -a deaf

sorprender to surprise

sorpresa *f* surprise

sospecha *f* suspicion; jealousy

sospechoso, -a suspicious, mistrustful

sostenimiento *m* maintenance; support

soy *pres of* **ser** (I) am

su your, his, her, its, their

suave smooth, soft

subir to go up; — **a** to get in

subrayar to underline

suceso *m* event, happening

sucio, -a dirty

Sudamérica *f* South America

sudar to perspire

sueco, -a *m & f* Swede; *adj* Swedish

sueldo *m* salary

suelo *m* floor; ground

sueño *m* dream

suerte *f* luck; **tener —** to be lucky

suéter *m* sweater

suficiente sufficient, enough

sufrir to suffer; to undergo

sugerir (ie, i) to suggest

suizo, -a *m & f & adj* Swiss

sujeto *m* subject

superioridad *f* superiority

supermercado *m* supermarket

supersónico, -a supersonic

superstición *f* superstition

supersticioso, -a superstitious

suponer (*like* **poner**) to suppose, assume

supuesto: por — of course

sur *m* south

surafricano, -a *m & f & adj* South African

suspender to fail; to suspend

suspirar to sigh

suspiro *m* sigh

sustancia *f* substance

sustantivo *m* noun

sutil subtle

T

tablero *m* dashboard

tal such (a); — **vez** perhaps; **¿Qué —?** How are you?

talento *m* talent, ability

talla *f* size

tamaño *m* size

también also, too

tampoco neither, not either

tan so; — **. . . como** as . . . as

tanque *m* tank

tanto, -a so much; as much; — **como** as much as; — **. . . como** both . . . and; *pl* as many; **por lo —** therefore

tarde *f* afternoon; *adv* late; **más —** later

tarea *f* homework, assignment

tarjeta *f* card; — **de crédito** credit card

taxímetro *m* taximeter

taxista *m & f* taxi driver

te you; to you; yourself

teatro *m* theater

tecla *f* key (of a piano, accordion, etc.)

técnica *f* technique

técnico, -a technical

tecnología *f* technology

tejido *m* cloth, fabric

telefónico, -a *adj* telephone; **conferencia —a** long-distance phone call; **llamada —a** phone call

teléfono *m* telephone

teléfono *m* telephone

telepatía *f* telepathy

tema *m* topic, subject; theme

temblar (ie) to tremble

temperamento *m* temperament

temperatura *f* temperature

templo *m* temple

temporada *f* season

temprano early

tender (ie) to tend

tendría *cond of* **tener** would have

tener (ie) to have; — **. . . años** to be . . . years old; — **derecho (a)** to have the right (to); — **frío** to be cold; — **ganas (de)** to feel like; — **hambre** to be hungry; — **miedo** to be afraid; — **prisa** to be in a hurry; — **que** to have to; — **suerte** to be lucky

tengo *pres of* **tener** (l) have

tenis *m* tennis; **zapatos de** — tennis shoes

tentación *f* temptation; **caer en la** — to fall into temptation

teología *f* theology

teoría *f* theory

tercero, -a third

terminar to finish, end

término: en — medio in between, in the middle

termómetro *m* thermometer

ternera *f* veal

terrorífico, -a terrific, terrifying

testigo *m* witness

testimonio *m* testimony

tía *f* aunt

tiempo *m* time; weather; **a —** on time; **al mismo —** at the same time

tienda *f* store, shop; tent; — **de antigüedades** antique shop

tierra *f* land; earth; ground

tímido, -a shy, timid

tío *m* uncle

típico, -a typical

tipo *m* type, kind

tirar to throw; to shoot; — **a la derecha** to turn to the right; —**se** to throw oneself

tiro *m* shot; **muerto de un —** killed by a gunshot

título *m* title; degree

tocadiscos *m* record player

tocar (qu) to touch; to play (a musical instrument); — **la bocina** to sound the horn; — **madera** to knock on wood

todavía still, yet; — **no** not yet

todo, -a all, every; everything; *pl* all; every; everyone; — **el mundo** everyone; **por todas partes** everywhere; **sobre —** especially, above all

tolerar to tolerate

tomar to take; to drink; to eat; — **decisión** to make a decision; — **el sol** to sunbathe; — **por** to take as, consider

tono *m* tone

torero *m* bullfighter

toro *m* bull; **corrida de —s** bullfight

torpe dull, stupid

torta *f* cake

tortilla *f* omelette; — **española** Spanish potato omelette

tortuga *f* tortoise, turtle

tostado, -a tanned, brown

tostar(se) (ue) to toast, to tan

totalmente completely, totally

trabajador, -a *m & f* worker, *adj* hard-working

trabajar to work

trabajo *m* work

tradición *f* tradition

traducción *f* translation

traer to bring

tráfico *m* traffic

traigo *pres of* **traer** (l) bring

traje *m* suit

trama *f* plot

tranquilidad *f* quiet, tranquility

tranquilizante *m* tranquilizer

tranquilizar(se) (c) to calm down, quiet down; to become quiet, calm

tranquilo, -a calm, tranquil, peaceful

transatlántico, -a transatlantic

tránsito: accidentes de — traffic accidents

transporte *m* transportation, transport

tranvía *m* streetcar, trolley

trasero, -a hind, rear, back

trasladar to move; —**se** to be moved

tratado *m* treaty

tratamiento *m* treatment

tratar (de) to try; to treat

trato *m* treatment

través: a — de by means of

travieso, -a mischievous

trece thirteen

treinta thirty

tremendo, -a tremendous

tren *m* train

trepidante loud, trembling

tres three

triángulo *m* triangle

tribu *f* tribe

tribunal *m* court of justice

trineo *m* sled, sleigh; **pasear en —** to go sleigh riding; to go sledding

triste sad

tristeza *f* sadness

triunfar (de) to triumph (over)

trombón *m* trombone
trombonista *m & f* trombonist
trompeta *f* trumpet
trompetista *m & f* trumpeter
trotar to jog
trucha *f* trout
tumba *f* tomb
turismo *m* tourism
turista *m & f* tourist
turístico, -a tourist
tuve *pret of* tener (I) had
tuvieron *pret of* tener had
tuvo *pret of* tener had

U

último, -a last, ultimate; por — lastly, finally
un(a) a, an
único, -a only; unique
unido, -a joined, united
unir to join, unite
universidad *f* university
universitario, -a *adj* university
universo *m* universe
uno one
unos, -as some; about
urbano, -a urban
urgente urgent
URSS *abbrev for* Unión de Repúblicas
    Socialistas Soviéticas Union of Soviet
    Socialist Republics (USSR)
usar to use; to wear
uso *m* use
usualmente usually
útil useful
utilidad *f* usefulness, utility
utilizar (c) to use, utilize

V

va *pres of* ir go, goes
vaca *f* cow
vacación *f* vacation (usually used in the plural);
    de —es on vacation
valentía *f* bravery, courage
valer to be worth
valiente brave
valor *m* value

valla *f* barrier, fence
valle *m* valley
vamos *pres of* ir (we) go
van *pres of* ir go
variado, -a varied
variar to vary
variedad *f* variety
varios, -as various; several
vas *pres of* ir (you) go
vaya *imper of* ir go
vecino, -a *m & f* neighbor
vehículo *m* vehicle
veíamos *imp of* ver (we) saw, were seeing
veinte twenty
veinticinco twenty-five
veintidós twenty-two
vejez *f* old age
velocidad *f* speed, velocity
velocímetro *m* speedometer
vencer (z) to conquer
venda *f* bandage
vendedor, -a *m & f* salesperson
vender to sell
vengo *pres of* venir (I) come
venida: idas y —s comings and goings
venir (ie) to come
ventaja *f* advantage
ventana *f* window
ventanilla *f* small window; car window
veo *pres of* ver (I) see
ver to see; to look at
verano *m* summer
verdad *f* truth; ¿—? right?, isn't it?, don't you?,
    etc; de — really
verdadero, -a true; real
verde green
verdura *f* green vegetable
verso *m* verse; line (of poetry)
vestido *m* dress; — de noche evening gown; —
    mini mini-dress
vestido, -a dressed; — de dressed in; dressed
    as
vez (*pl* veces) *f* time; occasion; cada — más
    more and more; de — en cuando from time
    to time; en — de instead of; tal — perhaps;
    una — once; a veces at times; muchas
    veces often
vía: en — contraria the wrong way
viajar to travel
viaje *m* trip

viajero, -a *m & f* traveler
víctima *f* victim
vida *f* life
viejo, -a *m & f* old person; *adj* old
Viejo San Juan Old San Juan (old section of
the capital of Puerto Rico)
viento *m* wind
viernes *m* Friday
vine *pret of* venir (I) came
vinieron *pret of* venir came
vino *m* wine
violencia *f* violence
violento, -a violent
virreina *f* wife of a viceroy
virrey *m* viceroy
virtuoso, -a virtuous
visita *f* visit
visitar to visit
vista *f* view; sight; punto de — point of view
visto, -a *pp of* ver seen
vivir to live
vivo, -a alive
vocalista *m & f* vocalist
volador: objeto — no identificado (OVNI)
unidentified flying object (UFO)

volante *m* steering wheel
volar (ue) to fly
volumen *m* volume
voluntad *f* will
volver (ue) to return; — a + *inf* to . . . again;
—se to become; to turn around
voy *pres of* ir (I) go
voz *(pl* voces) *f* voice
vuelo *m* flight
vuelta: de ida y — round-trip
vuelto, -a *pp of* volver returned

Y

y and
ya now; already; — no no longer

Z

zapato *m* shoe; —s de tenis tennis shoes
zona *f* zone
zoológico: jardín — zoo

ACKNOWLEDGMENTS

Permission to reprint and adapt the following selections in this volume is gratefully acknowledged.

"Un futuro por sólo $20.000,00," adapted from "Por $20.000 usted puede congelarse y resucitar después," by permission of *Vanidades* (Mexico).

"El perfume, un mundo de magia y misterio," adapted from an ad for *Eau Juene L'Orientale* in *Hola* (Madrid), by permission of the publisher.

"Nuevas lentes de contacto," adapted from an ad for *Lentes de contacto de la General Óptica* in *Cambio 16* (Madrid), by permission of MYB Publicidad (Barcelona).

"La irresistible tentación," adapted from an ad for *Champú Geniol* in *Triunfo* (Madrid), by permission of Carvis Publicidad, S. A. (Barcelona).

"Club del abrigo," adapted from an ad for *Galerías Preciados* in *La Actualidad Española* (Madrid), by permission of the publisher.

"Renault 12 para gente de éxito," adapted from an ad in *Hombre de Mundo* (Panama), by permission of the publisher.

"Una revolución sin violencia," adapted from an article in the May 1975 *Selecciones del Reader's Digest*. Copyright © 1975 The Reader's Digest Association, Inc. Reprinted with permission.

"¿Comer o no comer?," adapted from portions of Fernando Díaz-Plaja, *Los siete pecados capitales en los Estados Unidos* and *El español y los siete pecados capitales*, by permission of the author.

"El sol domesticado," adapted from an article in *Blanco y Negro* (Madrid), by permission of the publisher.

"Cuídate ahora para no envejecer después," adapted from "Su peso ideal," by permission of *Hombre de Mundo* (Panamá).

"Valentía o locura," adapted from articles in *Diario de Navarra* (Pamplona), by permission of the publisher.

"La música—lenguaje universal," adapted from an article in *Temas Magazine* (New York), by permission of the publisher.

"Riesgos de la vida moderna," adapted from J. A. Valtueña, "Riesgos del actual modo de vivir," *Triunfo* (Madrid), by permission of the author.

"¿Dónde estarán los precios en 1990?" and chart in "Los precios de aquí y de allá," adapted from an article in *Blanco y Negro* (Madrid), by permission of the publisher.

"Autos + gente = problemas." Adapted from an original article by Ramón Frausto, *Life en español*. Copyright © 1967 Time Inc. Reproduced with permission of the publisher.

"El secreto de Brunequilda," adapted from Marco A. Almazán, "Virtud y diligencia," *Hablemos Magazine* (Mexico), by permission of the author.